Verhandlungsstrategien

Franz Janka

Verhandlungs-strategien

Konflikte mit
Geschäftspartnern vermeiden

Krisen meistern

Aus Fehlern lernen

FALKEN
GABLER

Ihr Wegweiser durch dieses Buch

Situationsanalyse — **Wo stehen Sie derzeit?** 8

1

Kapitel 1 — **Verhandlungen, Kompetenzen und Macht** 12

Verhandeln ist mehr als ein Kampf um jeden Preis. Lernen Sie, was es heißt, erfolgreich zu verhandeln.

1.1 **Hinter jeder Verhandlung steckt ein Konflikt** 13

1.2 **Test: Ihr Verhandlungsprofil** 15

1.3 **Die Machtverhältnisse in Verhandlungen** 18

Grundlegendes zur Macht 19

Machtquellen 20

Stärken Sie Ihre Macht 23

Aktionsplan — **So werden Sie sich über Ihre Einstellung zum Verhandeln und Ihr Machtbewusstsein klar** 28

2

Kapitel 2 — **Ihre Kommunikationsfähigkeit** 30

Das A und O jeder Verhandlung ist gute Kommunikation. Wie Sie sich in diesem Bereich weiterentwickeln können, erfahren Sie hier.

2.1 **Analysieren Sie Ihr Gesprächsverhalten** 31

Kommunikationshürden 32

Test: Ihr Gesprächsprofil 33

2.2 **Gewinnerkompetenz I: Sprache** 38

So sollte Ihre Sprache sein 38

Das sollten Sie vermeiden 42

2.3 **Gewinnerkompetenz II: fragen und zuhören** 44
Effektiv fragen in Verhandlungssituationen 44
Vom »Hinhörer« zum Zuhörer 49

2.4 **Gewinnerkompetenz III: Körpersprache und Kontaktbrücken** 51
Körpersignale deuten: Möglichkeiten und Grenzen 51
So spricht der Körper 55
Achten Sie auf Ihre eigene Körpersprache 59
Damit stellen Sie Kontakt her 60

Aktionsplan
So erhöhen Sie Ihre kommunikative Kompetenz für Verhandlungssituationen 63

Kapitel 3

Wer unvorbereitet in eine Verhandlung geht, wird schlechte Ergebnisse erzielen oder scheitern. Sehen Sie, was es alles zu beachten gibt.

Strategisches Verhalten beginnt vor dem Verhandeln 66

3

3.1 **Unerlässliche Vorarbeiten** 67
Situationsanalyse und Informationsbeschaffung 68
Vermeiden Sie Fehleinschätzungen 70
Interessenlagen klären 73
Ziele und Verhandlungsspielraum ableiten 76

3.2 **Argumente strategisch vorbereiten** 79
Was es für Argumente gibt 79
Argumente finden 81
Vorteile statt Vorzügen vermitteln 83
So steigern Sie die Wirkung Ihrer Argumente 85

3.3 An Einwände und Bedingungen denken 86
Einwände sind kein Nein 86
Darauf können Sie sich einstellen 88
Tipps für ein positives Drumherum 91

Aktionsplan
So können Sie Hindernisse bei der Vorbereitung von Verhandlungen überwinden 94

4

Kapitel 4

Mit einer geeigneten Strategie fahren Sie besser. Hier erfahren Sie, welche Sie wann und wie einsetzen können.

Mit Strategie verhandeln 97

4.1 Sie haben die Wahl 98
Wenn Sie auf Konkurrenz aus sind 99
Kooperation statt Konflikt 100
Der »gute alte« Kompromiss 104
Alternative Strategien 105

4.2 Strategien für bestimmte Momente 108
Jetzt beginnt die Verhandlung 108
Machen Sie vernünftige Angebote 111
Zugeständnisse müssen sein 116
Damit Sie zum Abschluss kommen 119

Aktionsplan
So werden Sie versierter beim Einsatz von Verhandlungsstrategien 122

5

Kapitel 5

In jeder Verhandlung kann es schwierig werden. Machen Sie sich fit, um solchen Situationen gewachsen zu sein.

Wenn es problematisch wird 125

5.1 Schwierige Gesprächspartner 126

5.2 Unfaire Taktiken der Gegenseite 132
Vorsicht, Tricks! 132
Bleiben Sie gelassen 133

5.3 **Kritische Phasen meistern 137**
Darauf sollten Sie gefasst sein **137**
Konfliktprävention **138**
Konstruktiver Umgang mit Konflikten **140**
Spezielle Konfliktstrategien **144**

Aktionsplan
So gehen Sie besser mit Krisen und Konflikten in Verhandlungen um 148

Kapitel 6
Aus Fehlern lernen 151

Nur ständiges Lernen bringt uns weiter. Dazu gehört auch, aus Fehlern die richtigen Schlüsse und Konsequenzen zu ziehen. Hier lernen Sie die wesentlichen Ansatzpunkte dafür kennen.

6.1 **Klassische Konfliktherde 152**

6.2 **Möglichkeiten zur Vorbeugung 157**
Fehler in der Verhandlungsführung **158**
Fehlerquelle Verträge **162**
Was Sie sonst noch unternehmen sollten **164**

6.3 **Die Anwälte haben das Wort 168**
Eine typische Situation **169**
Verhandeln oder verklagen? **172**

6.4 **Ihre Seite hat Fehler gemacht 174**
Wie Sie Ihren Geschäftspartner behalten **174**
So gehen Sie strategisch richtig vor **178**
Ziehen Sie Ihre Lehren daraus **181**

Aktionsplan
Wie Sie aus Fehlern in Ihren Geschäftsbeziehungen lernen können 183

Anhang
Weiterführende Literatur 185

Register 187

6

Situationsanalyse: Wo stehen Sie derzeit?

Dieses Buch ist darauf ausgerichtet, Sie ganz gezielt bei der Arbeitsentlastung zu unterstützen. Damit Sie zielstrebig jene Buchpassagen ansteuern können, die für Ihre individuelle Situation relevant sind, gibt Ihnen diese Situationsanalyse einen knappen Überblick über das Thema und darüber, wo welche Fragestellungen behandelt werden.

Jeder der folgenden Frageblöcke bezieht sich auf ein Kapitel des Buches. Kreuzen Sie jeweils eine oder mehrere der möglichen Aussagen an. So finden Sie heraus, wie groß Ihre Vorkenntnisse sind und mit welchen Themen Sie sich noch näher beschäftigen sollten. Mithilfe der Seitenangaben in der Randspalte stellen Sie so Ihren individuellen Leseplan zusammen.

Übrigens: Am Ende jedes Kapitels finden Sie einen detaillierten Aktionsplan, mit dem Sie Ihre konkreten Schritte ökonomisch planen können!

1. Verhandlungen, Kompetenzen und Macht

Siehe dazu:

Kap. 1, Seite 12 – 29

Verhandlungen sind für Sie noch Neuland. Was sind Verhandlungen eigentlich und was braucht man dazu?

Kap. 1.2, Seite 15 – 18

Die einen stehen als Verhandlungsführer erfolgreich da, während die anderen Verhandlungen mit dem Gefühl verlassen, zu wenig oder das Falsche erreicht zu haben. Was braucht ein guter Verhandlungsführer und wie steht es mit den entsprechenden Qualifikationen bei Ihnen?

Macht ist ein elementarer Bestandteil von Verhandlungen. Aber wie viel Macht haben Sie und wie können Sie sie noch ausweiten?

▶Kap. 1.3, Seite 18 – 27

2. Ihre Kommunikationsfähigkeit

Kommunikation und das richtige Verhalten in Gesprächen sind das Wesen jeder Verhandlung. Die Fähigkeiten in diesem Bereich bestimmen in erheblichem Maße den Erfolg. Aber wie können Sie besser kommunizieren?

▶Kap. 2, Seite 30 – 65

Unser Sprachverhalten leidet oft unter eingefahrenen Ausdrücken und Fehlern, die sich im Laufe der Jahre eingeschlichen haben. Wollen Sie Ihr sprachliches Verhalten auf Vordermann bringen?

▶Kap. 2.1 und 2.2, Seite 31 – 44

Professionelles Kommunizieren setzt die Fähigkeit voraus, gute Fragen stellen und zuhören zu können. Wenn Sie darin vorankommen wollen, befassen Sie sich intensiver damit.

▶Kap. 2.3, Seite 44 – 51

Aber auch das Verstehen und Einsetzen der Körpersprache ist wichtig, um den Kontakt zum anderen herzustellen und aufrechtzuerhalten. Wie Sie sich darin weiterentwickeln können, erfahren Sie hier.

▶Kap. 2.4, Seite 51 – 62

3. Strategisches Verhalten beginnt vor dem Verhandeln

Kap. 3,
Seite 66 – 96

Eine gute und intensive Vorbereitung und Planung von Verhandlungen trägt zu ihrem Gelingen entscheidend bei. Aber was gilt es dabei alles zu beachten?

Kap. 3.1,
Seite 67 – 79

Wenn Sie nicht zu denjenigen gehören wollen, die Verhandlungen aus dem Bauch heraus und ohne die nötigen Informationen führen, sollten Sie einiges im Vorhinein klären. Was das ist, können Sie hier nachlesen.

Kap. 3.2 und 3.3,
Seite 79 – 93

Verhandlungserfolge erzielt man, wenn man sich mit dem anderen und seinen Bedürfnissen beschäftigt hat. Wollen Sie wissen, wie Sie Ihre Argumente darauf abstimmen und mit Einwänden der Gegenseite fertig werden?

4. Mit Strategie verhandeln

Kap. 4,
Seite 97 – 124

Sie sind mit strategischem Vorgehen bei Verhandlungen noch wenig vertraut. Wollen Sie wissen, welche Strategien es gibt und wann Sie sie am besten einsetzen?

Kap. 4.1,
Seite 98 – 107

Es gibt einige Grundstrategien. Diese sollten Sie kennen und anwenden können. Hier erfahren Sie mehr darüber.

Kap. 4.2,
Seite 108 – 121

Strategien brauchen Sie aber auch für alle möglichen außergewöhnlichen Situationen. Welche für Ihre Belange notwendig sein könnten und wie Sie sich damit gegen unliebsame Wendungen wappnen können, erfahren Sie hier.

5. Wenn es problematisch wird

Verhandlungen laufen nur selten ohne Schwierigkeiten ab. Wollen Sie sicherer im Umgang mit Krisen und Konflikten werden?

▶Kap. 5, Seite 125 – 150

Die Gegenseite hat eine Menge Tricks auf Lager. Damit Sie nicht in Fallen treten und souverän damit umgehen können, sollten Sie wissen, was es alles an unfairen Taktiken in Verhandlungen gibt. Und Sie wollen doch bestimmt angemessen damit umgehen?

▶Kap. 5.2, Seite 132 – 136

Auch wenn es Konflikte gibt, muss eine Verhandlung nicht scheitern. Wissen Sie, wie Sie reagieren sollen und können?

▶Kap. 5.3, Seite 137 – 147

6. Aus Fehlern lernen

Der Geschäftsalltag ist voll von konfliktreichen Situationen. Sei es, dass Ihr Geschäftspartner die Beziehung belastet, sei es, dass Ihre Mitarbeiter oder gar Sie Konfliktstoff liefern. Wie Sie dem vorbeugen, aber auch wie Sie angemessen bei der Lösung vorgehen, wird hier näher erläutert.

▶Kap. 6, Seite 151 – 184

Vorbeugen ist schon immer die beste Methode gewesen, um das Konfliktpotenzial zu verringern. Was Sie alles dazu im Zusammenhang mit Verhandlungen tun können? Hier werden Sie informiert.

▶Kap. 6.1 und 6.2, Seite 152 – 168

Und wenn die Krise dann doch da ist, sollten Sie sie optimal und professionell managen. Hier erfahren Sie, was Sie alles tun sollen und können.

▶Kap. 6.3 und 6.4, Seite 168 – 182

1 Verhandlungen, Kompetenzen und Macht

Ziel des Kapitels: Sie lernen Ihr Verhandlungsprofil kennen und stärken Ihre Macht

Verhandlungen sind uns vertraut und doch nicht ganz geheuer. Deshalb begegnen wir ihnen manchmal mit gemischten Gefühlen. Zu oft sind wir aus Verhandlungen mit der Einsicht gegangen, verloren oder ein ungenügendes Ergebnis mitgebracht zu haben. Dabei müsste das alles nicht sein. Das Wissen über Verhandlungen und die wichtigsten Kernkompetenzen kann jeder erwerben. In diesem Kapitel erfahren Sie, welche Kompetenzen das sind und wie Sie Ihnen nützen können.

Verhandeln gehört zu den grundlegenden Tätigkeiten, die eine erfolgreiche Führungskraft absolvieren muss. Meist mehrmals am Tag kann es zu »großen« oder »kleinen« Verhandlungen kommen. Allerdings ist ihr Ausgang stets ungewiss und diese Tatsache macht es für viele nicht einfach, sich darauf einzulassen.

Bei manchen Führungskräften herrscht außerdem die Vorstellung vor, dass es beim Verhandeln darum geht, den anderen »über den Tisch zu ziehen« und zu verhindern, dass einem selbst das Gleiche passiert. Bei einer solchen Einstellung wird Verhandeln gleichgesetzt mit einem Kampf, ja mit einem Krieg, wo versucht wird, dem anderen Schaden zuzufügen.

Ihre Persönlichkeit zählt

Sicher geht es beim Verhandeln um Macht, aber die *Persönlichkeit* des Einzelnen und seine *Kommunikationsfähigkeit* spielen doch eine so herausragende Rolle, dass sich auch die Sichtweise auf den Machtbegriff verändern muss. Erleben Sie, wie Sie Ihr Machtbewusstsein stärken können.

1.1 Hinter jeder Verhandlung steckt ein Konflikt

Verhandeln scheint uns allen geläufig zu sein. Es gehört zu den Begriffen, für die wir meist gar keine Definition mehr brauchen, weil uns der vermeintliche Sinn bereits in Fleisch und Blut übergegangen ist. Doch solche nicht hinterfragten Bezeichnungen bergen meist die Gefahr, dass wir zu unbewusst und ungenau damit umgehen. Deshalb ist es nötig, dass wir uns mit dem Verhandeln und seinen *Grundlagen* ausführlicher beschäftigen.

Verhandlungssituationen

Zunächst wollen wir einmal die *Situationen* betrachten, die wir gemeinhin als Verhandlungen ansehen. Da gibt es z. B.:

- Gehaltsverhandlungen
- Verhandlungen mit einem Kunden
- Verhandlungen mit einem Lieferanten
- Verhandlungen mit einem möglichen Fusionspartner
- Verhandlungen über Mengenrabatt
- Verhandlungen mit der Bank
- Verhandlungen mit einer anderen Abteilung
- Projektverhandlungen

Ein Fehler: Es wird zu wenig verhandelt

Aber im Berufsleben steckt für Führungskräfte noch eine Menge mehr an Verhandlungssituationen. Die Tatsache, dass ein Lieferant seiner Verpflichtung nicht nachkommt, dass ein Kunde nicht bezahlt oder ein Schlüsselkunde unzufrieden ist, all das sind Beispiele für weitere Gelegenheiten zu Verhandlungen.

Eine Schwierigkeit im Umgang mit Verhandlungen besteht letztlich auch darin, dass wir in vielen Situationen das Verhandlungspotenzial übersehen. Viel zu schnell und unbedacht wird mit harten Bandagen gearbeitet. Dabei verschenken wir viele Möglichkeiten zur Konflikt- und Krisenbewältigung. Unter Verhandlung wird nämlich ganz grundsätzlich verstanden, dass zwei (oder mehr) Parteien ein Problem durch Gespräche lösen wollen.

Zu jeder Verhandlung gehört ein Konflikt

FALLBEISPIEL

Die Gewerkschaft IG Metall legt ihre Forderung für die diesjährige Tarifrunde vor: 4,5 % mehr Gehalt.

Die Arbeitgeber sehen das als überzogen und unrealistisch an. Sie halten eine Lohnerhöhung von höchstens 1,2 % für möglich.

Die typische Ausgangssituation für eine Verhandlung. Sie zeigt, wie stark Konflikt und Verhandeln zusammenhängen. Die *Grundformel* lautet:

A ▶ will a
B ▶ will b

Dies gilt jedoch nicht nur für dieses Beispiel. Wenn Sie an Ihr eigenes Umfeld denken, werden Sie sehr schnell erkennen, dass jeder Verhandlung ein mehr oder weniger großer Konflikt vorausgeht bzw. darin enthalten ist:

Konfliktbeispiele

- Reklamation des Kunden wegen defekter Software
- Klären der Lieferbedingungen
- Abschluss eines Geschäftes
- Terminvereinbarung mit einem Handwerker
- Konditionen bei einem Kauf
- Urlaubsplanung

Für alle diese Situationen gilt, dass jede Seite seine Vorstellungen und Interessen realisieren möchte. Die Grundtendenz lautet dabei für viele: *Ich will gewinnen.*

Eine gefährliche Einstellung

Gefährlich wird diese Einstellung dadurch, dass sie manchmal unausgesprochen enthält: *Koste es, was es wolle.* Das ist dafür verantwortlich, dass viele Menschen Verhandlungen als etwas Ungutes, Unbefriedigendes oder gar Anrüchiges betrachten, weil konstruktive und annehmbare Lösungen durch eine solche Haltung verhindert werden.

Konflikte erzeugen neue Konflikte

Das ist umso verhängnisvoller, weil so geführte Verhandlungen die Eigenart haben, wieder neue Konflikte zu erzeugen. Der Kunde, der sich über den Tisch gezogen fühlt, wird nie mehr bei Ihnen kaufen und durch Mundpropaganda Stimmung gegen Ihre Firma machen. Aber auch der Lieferant, dem Sie in Siegerlaune härteste Bedingungen abgetrotzt haben, wird es nicht dabei bewenden lassen. Er wird beim Service oder bei der Verpackungssicherheit sparen. Oder er wird bei späteren Verhandlungen versuchen, es Ihnen heimzuzahlen.

Konflikt und Verhandlung gehören somit ganz eng zusammen. Zum einen stellen Verhandlungen eine probate Möglichkeit dar, Konflikte zu lösen, zum anderen resultieren aus Verhandlungen wieder Konflikte. Dieser Zusammenhang wird oft nicht beachtet.

EXPERTENTIPP

Sehen Sie im Verhandeln eine besonders gute Möglichkeit, um aktuelle Konflikte zu lösen und zukünftige zu vermeiden.
Denn Konflikte

- bringen Aufwand mit sich
- kosten viel an Geld und Material
- erzeugen Reibungsverluste
- stören den Unternehmenserfolg
- beeinträchtigen Karrieren

1.2 Test: Ihr Verhandlungsprofil

Als Verhandlungsprofi wird man nicht geboren – Verhandlungsprofi wird man durch stetige Weiterentwicklung. Wir sind alle mehr oder weniger bewandert im Umgang mit Verhandlungen. Die einen sind eher unsicher, die anderen offensiv, die dritten impulsiv.

Klären Sie erst einmal, wie gut Sie bisher verhandeln

Um Fortschritte bei der eigenen Verhandlungsweise zu erzielen, sollten Sie sich einmal Klarheit darüber verschaffen, wie Sie sich in Verhandlungssituationen sehen.

Hier lernen Sie Ihr eigenes Profil kennen

TEST

Ihr Verhandlungsprofil

Vorgehen

Kreuzen Sie bei jeder Aussage an, wie stark sie auf Sie zutrifft.

Aussage trifft zu:	gar nicht	zum Teil	ganz
Ich kann meine Anliegen gut ausdrücken.			
Ich höre aktiv zu.			
Ich stelle gezielt Fragen.			
Ich sende »Ich-Botschaften«.			
Ich pauschaliere nicht.			
Ich habe keine Vorurteile.			
Ich benutze keine Killerphrasen.			
Ich bereite Verhandlungen vor.			
Mit Macht kann ich umgehen – sowohl mit der eigenen als auch mit der meines Partners.			
Ich drücke mich klar und eindeutig aus.			
Ich lasse den anderen ausreden.			
Kooperation ist mir wichtiger als Konfrontation.			
Aussagen und Ergebnisse kann ich gut und verständlich zusammenfassen.			
Ich bleibe objektiv.			
Auf Körpersprache achte ich.			

Kooperation oder Konfrontation?

Aussage trifft zu:	gar nicht	zum Teil	ganz
Ich kenne viele verschiedene Verhandlungsstrategien.			
Verhandlungsstrategien kann ich flexibel und situationsgemäß einsetzen.			
Ich analysiere schon vorab die Ziele und Motive des Gesprächspartners.			
Ich gehe immer mit klaren Zielen in Verhandlungen.			
Mir sind meine eigenen Bedürfnisse und Interessen bewusst.			
Ich kenne meine Stärken und Schwächen.			
Ich lege die Verhandlungsgrenzen vorab fest.			
Ich sehe im Verhandlungspartner den Menschen.			
Ich bereite meine Argumente im Vorfeld auf.			
Ich kann mit Konflikten umgehen.			
Mit Einwänden werde ich fertig, weil ich mich darauf vorbereitet habe.			
Krisen bringen mich nicht aus der Fassung.			
Ich weiß, wie ich Verhandlungen zu einem richtigen Abschluss bringe.			

Ihre Strategien

Dieser Test hilft Ihnen bei der weiteren Vorgehensweise

Macht hat viele Facetten

Reaktionsempfehlung

Je mehr dieser Aussagen auf Sie zutreffen, umso besser ist es um Ihr Verhandlungsverhalten bestellt. Bei den Punkten, wo Sie »zum Teil« oder »gar nicht« angekreuzt haben, lohnt es sich, über *Änderungen* nachzudenken. Mithilfe dieses Buches können Sie diese Punkte ganz gezielt angehen und Ihren Verhandlungserfolg steigern.

1.3 Die Machtverhältnisse in Verhandlungen

Nicht wenige sagen über Verhandlungen, dass ihr Ausgang eine reine Sache der Macht sei. Der Stärkere habe den größeren Vorteil, ja sogar die Chance auf einen vollkommenen Sieg. Und es ist nicht von der Hand zu weisen, dass Macht im Verhandlungsprozess eine Bedeutung besitzt.

FALLBEISPIEL

Andrea Zabel hat ihr halbes Jahr Probezeit als Assistentin der Geschäftsführung hinter sich. Nun soll vereinbarungsgemäß neu über ihr Gehalt gesprochen werden.

Um 10 Uhr soll sie beim Geschäftsführer im Büro sein. Ihr ist gar nicht so wohl. Sie hat zwar gute Arbeit geleistet, wurde gelobt und erhielt Zuspruch von allen Seiten, aber wie soll sie eine höhere Gehaltsforderung gegenüber ihrem Chef vertreten? *Der ist doch in der stärkeren Position*, denkt sie sich. *Da bin ich doch machtlos.*

Ein ungleiches Kräfteverhältnis

Im Dilemma von Frau Zabel zeigt sich die Auswirkung von *unterschiedlichen Machtpositionen* in Verhandlungsgesprächen. Das Kräfteverhältnis, in dem sich die Verhandlungspartner gegenüberstehen, ist ungleich. Bei Gehaltsverhandlungen wie im Fallbeispiel zeigt sich das darin, dass der Geschäftsführer seine Vorstellung scheinbar viel eher durchsetzen kann als die Mitarbeiterin. Allein das Verhandlungsumfeld, der Verlauf und die Argumentationen geben dem Geschäftsführer aufgrund seiner Machtposition einen deutlichen Vorteil in die Hand.

Aber ist das so einseitig zu sehen?

Grundlegendes zur Macht

Macht ist situationsabhängig

Der gleiche Geschäftsführer mit seiner Macht bei der Gehaltsverhandlung sieht sich selbst als machtlos an, wenn er von einem Polizisten angehalten wird und der ihn auffordert, mit auf die Wache zu kommen. Der gleiche machtvolle Polizist steht dem Vertreter seiner Bank hilflos gegenüber, wenn dieser ihm den Kredit verweigert.

Macht ist also keine Eigenschaft, die eine Person stets an sich hat, sondern sie ist meistens vom *Kontext* abhängig. Erst die Situation definiert, was darin machtvoll sein kann und worin die Machtlosigkeit besteht.

Der Kontext der Macht

Macht wird falsch eingeschätzt

Mit der Macht ist es wie mit vielen Eigenschaften und Merkmalen: Wir erleben sie an anderen viel deutlicher und nehmen sie an ihnen viel intensiver wahr als bei uns selbst.

Daher neigen wir dazu, unsere Macht zu unter- und die unseres Gegenübers zu überschätzen. Das weist darauf hin, dass es bei der Macht nicht um eine objektive Tatsache geht, sondern um eine *subjektive* Zuschreibung.

Macht hängt vom Umfeld ab

Sie können der begabteste und fachlich versierteste Vertriebsleiter sein – aber in einem Unternehmen, das auf den Vertrieb wenig und auf die Produktion alles setzt, wird Ihre Macht gering sein, wenn es um Budgetverhandlungen geht.

Die *Normen und Regularien* des sozialen Raumes bestimmen somit darüber, wie sich Macht darin definiert und worauf sie beruht.

Halten Sie einmal inne und fragen Sie sich, wie sich Macht in Ihrem Berufsfeld definiert

Macht hängt von der Wahrnehmung ab

Wir selbst sind es, die anderen Macht zugestehen. Unsere Wahrnehmung und die daraus resultierende Einschätzung lassen uns andere Menschen als machtvoll ansehen. Nur wenn wir glauben, dass unser Gegenüber Macht hat, kann sich seine Macht auch entfalten!

Das gilt in der Umkehrung ebenso. Es kommt deshalb auch darauf an, wie wir unsere eigene Macht wahrnehmen. Frau Zabel aus dem Fallbeispiel nimmt sich selbst als machtlos wahr, darum verhält sie sich dementsprechend. Ihr fehlt das *Bewusstsein* der eigenen Macht für die anstehende Gehaltsverhandlung und so begibt sie sich von selbst in die schlechtere Position. Zugleich gesteht sie dem Geschäftsführer zu, dass er die (alleinige) Macht besitzt. Dadurch kann seine Macht erst ihre ganze einschränkende Wirkung erzeugen.

EXPERTENTIPP

Sehen Sie in der Macht kein statisches und unveränderbares Gebilde, dem Sie sich vielleicht sogar hilflos ausgeliefert fühlen. Lernen Sie, Macht zu erkennen, zu analysieren und für Ihre Belange einzusetzen.

Machtquellen

Sie sehen, wie wichtig es ist, sich auf den Begriff der Macht näher einzulassen. Aber was ist Macht und wie können Sie sie für Verhandlungen besser verwenden?

WISSENSWERT

Macht als Chance

Der Soziologe Max Weber sieht Macht als die Chance, seinen Willen auch gegen Widerstand durchzusetzen.

Macht ist nicht gleich Macht. Sie beruht jeweils auf unterschiedlichen Grundlagen. Die Mutter, die ihrem Sohn verbietet, zum Eislaufen zu gehen, benutzt eine andere Form von Macht als der Qualitätsmanager, der eine Abteilung auditiert. Wenn mich ein erfahrener Taucher abhält, in einem See zu tauchen, speist sich seine Macht aus einer anderen Quelle als wenn ein Hüne von Mann mir den Zugang zu einer Disco verwehrt.

Macht kann verschiedene Grundlagen haben

Gerade für Verhandlungen ist es nützlich, dass wir uns damit befassen, welche *Arten von Macht* es gibt bzw. worauf die Macht des Einzelnen jeweils beruht. Dies kann sein:

Legitimierte Macht

Sie stellt die wohl geläufigste Form dar. Eine Position wird als rechtmäßig mit Macht ausgestattet anerkannt und der Positionsinhaber kann sie legitim ausüben. Als Führungskraft haben Sie die Macht, bestimmte Entscheidungen zu treffen; der Polizist kann handeln, weil er als Vertreter des Gesetzes angesehen wird.

Zwang

Der Machtinhaber kann Konsequenzen androhen und notfalls auch umsetzen. Diese Machtposition ist dann besonders wirksam, wenn sein Gegenüber diese *Drohungen* und die möglichen *Konsequenzen* ernst nimmt. In Verhandlungen beispielsweise kommt es oft vor, dass ein Verhandlungspartner dem anderen mit dem Abbruch der Gespräche droht, falls dieser nicht auf sein Angebot eingeht.

Belohnung

Aus der Verhaltenspsychologie kennen wir diesen Faktor recht genau. Wenn jemand einem anderen etwas geben bzw. ihm etwas vorenthalten kann, so ist er in der besseren Position und kann dadurch Macht ausüben. Eltern sind dafür ein gutes Beispiel. Sie versuchen durch Belohnung oder Enthaltung auf ihre Kinder Macht auszuüben. Diese Macht besitzt allerdings eine Einschränkung: Die Belohnung muss für den Empfänger relevant sein.

Befassen Sie sich mit den verschiedenen Machtquellen

Äußere und innere Machtfaktoren

Wissen und Können

Wenn jemand zu einem Thema mehr weiß oder auf einem Gebiet mehr kann, so verfügt er über Macht in diesem Sektor. Allerdings ist auch diese Macht *relativ*. Sind z. B. zwei Finanzexperten unter sich, so ziehen sie jeweils viel geringere Macht aus dieser Sachkompetenz als wenn ein Finanzexperte einem Kunden gegenübersteht.

Charisma

Diese Macht kennen wir als überzeugende Wirkung einer *Persönlichkeit*. Allein ihr Auftreten und ihre Ausstrahlung lassen sie Macht über Menschen haben. Dazu zählen z. B. Stars, die für die Fans Autoritäten darstellen. Aber auch eine Führungskraft, die durch Engagement, Elan und Motivation ihre Mitarbeiter mitreißen kann, besitzt dadurch Macht, weil an sie geglaubt wird.

Körperkraft

Sie gehört zu den ursprünglichsten Arten von Macht. Körperliche Stärke wird eingesetzt, um ein Anliegen gegen den anderen durchzusetzen. Denken Sie an das Beispiel vom Türsteher, der den Zutritt zu einem Lokal verwehrt.

Informationen

Informationen über andere Menschen oder über Vorgänge und Zusammenhänge sind gerade in der heutigen Zeit ein bedeutender Machtfaktor. Blicken Sie an die Börse, wo die Kursentwicklung auf dieser Macht der Informationen beruht. Dieses Beispiel zeigt übrigens sehr deutlich die besondere Wirkungsweise dieser Art von Macht: Es geht nicht darum, dass jemand diese Information tatsächlich hat, sondern *es reicht, wenn andere dies glauben.*

Hier zählt, was andere glauben

»Vitamin B«

Die Bekanntschaft oder Verwandtschaft mit einer einflussreichen Person kann jemandem ebenfalls Macht verleihen. Die Verflechtungen von

Politik und Wirtschaft zeigen uns immer wieder, wie wichtig diese Macht der Beziehungen ist. Dort sehen wir auch anschaulich, wie sie funktioniert.

»Interne« Macht

Damit ist die Macht gemeint, die aus uns selbst kommt. Unsere Power gehört da ebenso dazu wie alle Fähigkeiten, die wir einsetzen können, und alle Arbeitsmethoden, die wir beherrschen. Diese internen Machtfaktoren sind u. a.:

Die Macht in uns selbst

- Selbstvertrauen
- Selbstachtung
- Selbstständigkeit
- Entschlossenheit
- Überzeugung
- Positives Denken
- Klare Ziele
- Kommunikationsfähigkeit
- Argumentationssicherheit

Stärken Sie Ihre Macht

Der größte Fehler im Umgang mit Macht besteht darin, dass wir ein *Machtgefälle zu unseren Ungunsten* voraussetzen. Das geschieht in Verhandlungsprozessen dadurch, dass wir unsere eigene Macht gering achten oder gar nicht genau ausgelotet haben. Wir unterschätzen sie häufig. Zugleich akzeptieren wir die Macht des anderen, halten sie für berechtigt und ordnen sie höher ein als unsere eigene.

Damit Verhandlungen erfolgreich verlaufen, ist es jedoch nötig, dass Sie sich Ihre Macht bewusst machen und sie auch einsetzen. Je genauer Sie Ihr eigenes Machtpotenzial erkunden, desto leichter tun Sie sich beim Verhandeln. Damit verhindern Sie, dass Sie sich der gegnerischen Macht (wehrlos) ergeben, und Sie werden zugleich erleben, wie sich Ihr Handlungsspielraum erweitert.

Sie sind mächtiger, als Sie glauben

So bauen Sie Ihre Machtpotenziale aus

Vergessen Sie nicht, dass Sie selbst in den einseitigsten Verhandlungen oder gegenüber den »übermächtigsten« Personen immer auch Macht besitzen. Klären Sie deshalb für sich im Vorhinein, worin sie besteht.

Das gelingt Ihnen am besten, wenn Sie so vorgehen:

- Prüfen Sie für alle Arten von Macht, welche davon auf Sie in der konkreten Situation zutreffen.
- Notieren Sie sich Ihre Machtfaktoren schriftlich.
- Akzeptieren Sie Ihre eigene Macht.
- Machen Sie sich klar, wie Sie sie in Verhandlungen einsetzen können.
- Überlegen Sie auch, wie Sie diese Macht nach außen darstellen können.
- Spielen Sie in Gedanken Verhandlungssituationen durch und erproben Sie so den Machteinsatz.
- Arbeiten Sie stets daran, Ihre Macht zu stärken.

WISSENSWERT

Die »selffulfilling prophecy«

Aus der Psychologie kennen Sie vielleicht den Ausdruck »selffulfilling prophecy«. Damit wird ausgedrückt, dass das, was wir für die Zukunft erwarten, auch eintreten wird.

Diese sich selbst erfüllende Prophezeiung ist auch in Bezug auf Macht in Verhandlungen wirksam. Wenn wir uns als machtlos empfinden, drücken wir das auch aus. Unser Verhalten wirkt sich auf den anderen und sein Verhalten uns gegenüber aus. Da er unsere Unterlegenheit spürt, wird er sich machtvoller und sicherer geben. Das bestätigt wiederum unsere Einschätzung, dass wir keine Macht besitzen.

Sie sollten außerdem beginnen, verschiedene Möglichkeiten zu nutzen, um Ihre Macht in Verhandlungssituationen auszubauen.

So können Sie Ihre Macht stärken:

▶ **Mehr Erfolgsbewusstsein**
Es ist nichts so vergänglich wie die Erfolge von gestern. Deshalb sollten Sie sich die Ihren ständig vor Augen führen. Machen Sie eine *Liste aller Ihrer Erfolge*; denken Sie dabei nicht nur an die »großen«, sondern beziehen Sie alles mit ein, wo Sie erfolgreich waren. Ob das eine überstandene Krankheit, der Aufstieg zum Gruppenleiter oder das Basteln eines Baumhauses für Ihre Kinder war, spielt keine Rolle. Halten Sie alle Erfolge unbedingt schriftlich fest und sehen Sie sich diese Liste täglich an.

Schreiben Sie Ihre Erfolge nieder

▶ **Die richtigen Informationen**
Damit Sie machtvoll in Verhandlungen gehen können, sollten Sie eine Menge über sich, den Verhandlungsgegenstand und Ihren Verhandlungspartner wissen. Je besser Sie informiert sind, desto mehr Macht werden Sie besitzen.

▶ **Die Sachkompetenz steigern**
Machen Sie sich in Ihrem Aufgabenfeld so fit es geht. Bilden Sie sich weiter, eignen Sie sich *Fachwissen* an, lesen Sie Fachliteratur und seien Sie auf dem neuesten Stand der Entwicklungen.

▶ **Weg vom Negativdenken**
Wenn bei Ihnen stets der Gedanke mitschwingt, dass Sie falsch liegen, etwas nicht schaffen werden oder unterlegen sind, dann bringen Sie diese innere Gebetsmühle zum Schweigen. Tauschen Sie dazu die Inhalte einfach aus. Statt *Das schaffe ich nie* trainieren Sie den Inhalt *Ich schaffe es*. Das wird am Anfang noch schwierig sein, aber nach einiger Zeit wird Ihnen dieser Satz so geläufig sein wie der negative es vorher war.

Denken Sie positiv

▶ **Stellen Sie sich positiv ein**
Denken Sie in die *Zukunft*, an den Zeitpunkt, an dem Sie die Verhandlung mit einem guten Ergebnis abgeschlossen haben. Stellen Sie sich Ihre Gefühle vor und wie es sein wird, wenn alles geklappt hat. Baden Sie im vorausgedachten Erfolg und besetzen Sie so die noch bevorstehende Verhandlung mit positiven Gefühlen.

Finden Sie Ihren eigenen Ansatz, um Ihre Macht zu stärken

Erfolgsstrategien

- **Belohnen Sie sich**
  Gerade vor wichtigen Verhandlungen können Sie Ihre Motivation und damit auch Ihre Macht dadurch stärken, dass Sie sich selbst eine Belohnung in Aussicht stellen, auf die Sie sich freuen. Auch dadurch wird die Verhandlung positiv besetzt.

- **Machen Sie sich die Autorität Ihres Auftraggebers bewusst**
  Ihr Auftreten und Verhalten in der Verhandlung hängt auch davon ab, wer hinter Ihnen steht. Ein klangvoller Name, ein starkes Image oder ein zugkräftiges Produkt verleihen Ihnen oft zusätzliche Macht für Ihre Verhandlung. Analysieren Sie deshalb Ihren »Background«.

- **Sorgen Sie für Alternativen**
  Je mehr *Ausweichmöglichkeiten* Sie haben, desto weniger sind Sie auf den Verhandlungspartner oder auf einen positiven Gesprächsabschluss fixiert. Das gibt Ihnen die Macht, Ihre Vorstellungen besser zu vertreten. Wenn es z. B. noch andere Anbieter gibt, dann haben Sie die Macht auf Ihrer Seite.

- **Verhindern Sie Zeitdruck**
  Haben Sie die Möglichkeit, zeitlich flexibel zu sein, so wächst Ihre Macht. Je eingeschränkter der Zeitrahmen ist, desto leichter geraten Sie unter Druck, einen Abschluss sogar mit schlechten Konditionen zu akzeptieren. Müssen Sie z. B. morgen unbedingt die Druckmaschine schon bei sich stehen haben, dann sind Sie dem Produzenten machtlos ausgeliefert. Aber auch wenn Sie schon den Rückflug in zwei Stunden gebucht haben, liefern Sie sich zeitlich aus.

- **Trainieren Sie das Neinsagen**
  Manchen von uns fällt es schwer, Angebote oder Bitten abzulehnen. Aber gerade daraus resultiert eine Machtlosigkeit anderen gegenüber. Das ist besonders in Verhandlungen schädlich, weil Sie schnell der Macht des anderen nachgeben. Versuchen Sie zunächst in *harmloseren Alltagssituationen* zu anderen einmal nein zu sagen. Beachten Sie dabei, dass diese Ablehnung an sich gar nicht so schlimm beim Gegenüber ankommt, wenn sie richtig formuliert ist. Je sicherer Sie sich dabei präsentieren, desto problemloser kann der andere das Nein annehmen.

Das Neinsagen im Alltag testen

- **Achten Sie auf Ihren Ruf**
  Wenn Sie viel versprechen und wenig halten, überzogene Forderungen stellen oder ständig bluffen, wird sich das schädlich auf Ihre Macht auswirken. Denn andere bekommen sehr schnell Wind davon, was es mit Ihren Spielchen auf sich hat. Und gerade in der Geschäftswelt eilt einem bald ein schlechter Ruf voraus. Deshalb sollten Sie darauf achten, als *integrer Gesprächspartner* angesehen zu sein.

Vermeiden Sie »Spielchen«

- **Lernen Sie, strategisch zu verhandeln**
  Vorbereitung und Planung erleichtern Ihnen die Auswahl der geeigneten Strategie. Dazu sollten Sie einen möglichst breiten Fundus an *Alternativen* kennen und einsetzen können. Dieses Buch wird Ihnen dabei helfen.

- **Beachten Sie den kulturellen Kontext**
  Sollten Sie mit ausländischen Partnern verhandeln, ist es hilfreich, sich mit ihren Gepflogenheiten vertraut zu machen. Sie werden zum einen sicherer für den Verhandlungsablauf, zum anderen verschafft Ihnen ein Eingehen auf kulturelle Eigenheiten Ihres Partners eine größere *Vertrauensbasis*. Damit wächst zugleich Ihre Macht.

Schaffen Sie Vertrauen

Reaktionsempfehlung

Lesen Sie sich die einzelnen Tipps in Ruhe durch. Kreuzen Sie diejenigen an, die Sie ausprobieren oder einüben wollen, und gehen Sie in kleinen Schritten vor. Nehmen Sie sich deshalb zuerst nur einen Punkt vor und versuchen Sie sich darin zu verbessern. Anschließend packen Sie den nächsten an.

Ohne ein gewisses Maß an Selbstdisziplin werden Sie nicht auskommen, aber setzen Sie sich andererseits auch nicht unter zu großen Zeitdruck. Sorgen Sie für eine ausreichende *Einübungszeit*. Und bedenken Sie, dass jede Verhandlung wieder ganz anders ist als die vorhergehenden. Vermeiden Sie deshalb eine *starre Routine* und standardisierte Abläufe.

Im Aktionsplan zu diesem Kapitel finden Sie weitere Tipps dazu

AKTIONSPLAN

Verhandlungen, Kompetenzen und Macht

So werden Sie sich über Ihre Einstellung zum Verhandeln und Ihr Machtbewusstsein klar

Im Folgenden sind die Kernprobleme auf den Punkt gebracht. Entscheiden Sie, wo Sie aktiv werden müssen, und setzen Sie die vorgeschlagenen Maßnahmen um.

Der Gedanke an Verhandlungssituationen erzeugt bei Ihnen ein mulmiges Gefühl.

Trifft das auf Sie zu?

Nein.

Ja, und zwar äußert es sich darin:

____

____

Siehe dazu:

Vorschläge zur Lösung des Problems:

- Seite 13 – 15 Werden Sie sich klar darüber, dass jede Verhandlung eine Konfliktsituation darstellt.
- Seite 15 – 18 Prüfen Sie Ihre Fähigkeiten in Bezug auf Verhandlungen.
- Seite 18 – 27 Lernen Sie, mit der eigenen und der Macht von anderen umzugehen.

Beginn der Maßnahmen: ab sofort

Erfolgskontrolle: nach 2 Wochen

Ergebnis: ______________________________

Mögliche Maßnahmen bei anfänglichem Misserfolg:

- Befassen Sie sich eingehender mit Konfliktgesprächen. Lesen Sie: Andreas Gommlich und Florian Tieftrunk, Mut zur Auseinandersetzung: Konfliktgespräche, Falken Verlag 1999. Dort erfahren Sie alles Wissenswerte zum Thema und Sie können sich in das Thema einarbeiten.
- Machen Sie eine Liste, auf der Sie notieren, was Sie alles an Verhandlungen stört bzw. was Ihnen Unbehagen bereitet. Anschließend gehen Sie die einzelnen Punkte durch und überlegen sich, wie Sie sie entschärfen können. Benutzen Sie dazu auch die weiteren Kapitel in diesem Buch.
- Probieren Sie in privaten Situationen, Ihre Macht einzuschätzen und einzusetzen. Trainieren Sie, bestimmte Aspekte Ihrer Macht besonders hervorzuheben, ohne dass sie aufdringlich erscheinen.

Wenn Sie diese Probleme erfolgreich bewältigt haben, können Sie entweder direkt zu Kapitel 2 übergehen oder Sie blättern zurück zur »Situationsanalyse« und beschäftigen sich dort mit Punkt 2.

2 Ihre Kommunikationsfähigkeit

Ziel des Kapitels: Sie erfahren, wie Sie Sprache und Körpersprache besser einsetzen können

Verhandlungssituationen zeichnen sich dadurch aus, dass man versucht, ein mehr oder weniger großes Problem durch Kommunikation zu lösen.

Dazu sind gute Fähigkeiten in der Gesprächsführung notwendig. Der Einsatz von Fragetechniken, das aktive Zuhören und das Wissen um die Körpersprache sind dabei die Hauptpfeiler. Schließlich wollen Sie den Kontakt zum Gesprächspartner herstellen, das »Eis brechen«.

Strategisches Verhandeln verlangt, dass Sie Ihre kommunikative Kompetenz ständig verbessern. Dieses Kapitel gibt Ihnen viele Anregungen dafür.

Eine Verhandlung ist eine durch und durch kommunikative Angelegenheit. Es treffen zwei (oder mehr) Parteien aufeinander, deren Ziel es ist, einen Konsens, ein Ziel oder eine Übereinkunft zu erreichen.

Dabei geht es zum einen darum, zu ergründen, was die Gegenseite will und was sie zu bieten hat. Zum anderen soll die eigene Sache präsentiert und möglichst durchgesetzt werden.

Idealfall: der Dialog

Im Idealfall vollzieht sich das Ganze als *Dialog*, als ein in zwei Richtungen gehendes Gespräch, bei dem beide Seiten reden und zuhören, den anderen verstehen wollen und auf seine Argumente eingehen. Das ist jedoch in der Realität selten so. Wir alle kennen Gespräche, die in einen Monolog ausarten: Einer redet und der andere ist zum passiven Zuhörer degradiert.

Aber auch wenn beide zu Wort kommen, heißt das noch nicht, dass ein echter Dialog zustande kommt. Oft genug entwickelt sich ein »Duolog«, bei dem zwar beide sprechen, aber leider aneinander vorbeireden, weil sie dem anderen nicht zuhören und auf seine Äußerungen nicht eingehen.

Kommunikationsstörungen sind daher eine der Hauptursachen für Konflikte. Deshalb sollten Sie in einer Verhandlungssituation als Erstes dafür sorgen, dass Sie richtig und verständlich kommunizieren.

Konflikte entstehen durch Kommunikationsprobleme

Besonders wichtig ist es außerdem, dass Sie die folgende Grundformel beherzigen: *Fragen – Zuhören – Argumentieren*. Denn nur so werden Sie herausfinden, wo die Probleme und Ansatzpunkte für Lösungen liegen. Wenn Sie dazu dann noch auf die *Körpersprache* achten, werden Sie erheblich größere Erfolge in Ihren Verhandlungen verzeichnen können.

2.1 Analysieren Sie Ihr Gesprächsverhalten

Gespräche zu führen und mit anderen zu sprechen gehört für uns zum Alltag. Selten überprüfen wir, wie wir uns dabei verhalten, welche »Marotten« wir besitzen und wo es Potenzial für Verbesserungen geben würde.

Dabei hängt ein großer Teil unseres Erfolges gerade auch in Verhandlungen davon ab, möglichst professionell zu kommunizieren. Dass dies nicht gleichbedeutend ist mit »reden, was das Zeug hält«, wird uns manchmal erst zu spät klar.

Je ehrlicher Sie bei der Analyse mit sich selber sind, desto effektiver werden Sie Ihre Kommunikationsfähigkeit ausbauen können

Gehen Sie deshalb Ihrem eigenen Gesprächsverhalten auf den Grund, sehen Sie es sich genau an und entdecken Sie Möglichkeiten, wie Sie erfolgreichere kommunikative Strategien einbauen und einüben können.

Die fünf Hauptschwierigkeiten

Kommunikationshürden

Kommunikation erscheint uns auf den ersten Blick als etwas ganz Einfaches. Der eine sagt etwas und der andere hört das Gesagte. Wir haben den *Sender* einer Botschaft, die *Botschaft* selbst und den *Empfänger*.

Aber in diesem Dreieck sind viele Möglichkeiten enthalten, um das Verständnis zu erschweren, zu behindern oder zu stören. Unser Alltag zeigt das oft auf schmerzhafte Weise, wenn sich ein Gesprächspartner missverstanden fühlt, wenn beide um Belangloses streiten, keine gemeinsame Basis mehr besitzen oder aneinander vorbei reden.

Missverständnisse und Fehlinterpretationen entstehen hauptsächlich an *fünf kritischen Punkten*:

- **Was ich sage**
  Durch stimmliche, aber auch sprachliche Unzulänglichkeiten kann das, was ich sage, falsch oder gar nicht verstanden werden.
  Beispiel: *Die Prägnanz der kongruenten Zusammenhänge macht signifikante Abweichungen deutlich. Siehe die Weinheim-Versuche.* (Verstehen Sie die Aussage?)

- **Was ich meine**
  Ich verberge meine wahre Absicht hinter einer Sachaussage, die das eigentlich Gemeinte nur undeutlich oder gar nicht wiedergibt.
  Beispiel: *Im Kopierer ist schon wieder kein Papier.* (Tatsächlich habe ich gemeint: *Frau Meisel, sorgen Sie doch für einen stets funktionierenden Kopierer.*)

- **Was der andere hört**
  Einstellungen des anderen, akustische oder sonstige Einflüsse sorgen oft dafür, dass der Gesprächspartner ganz etwas anderes aufnimmt.
  Beispiel: *Herr Klüver, die Öldruckpumpen müssen noch vor Montag Mittag ausgeliefert werden.* (Herr Klüver versteht: *Die Öldruckpumpen müssen am Montag vormittag ausgeliefert werden.*)

Die Interpretationsebene

- **Was der andere glaubt, das ich sagen will**
  Der Gesprächspartner hört quasi hinter das Gesagte und interpretiert hinein, was ich seiner Meinung nach eigentlich sagen wollte.

Beispiel: *Frau Meisel, die Unterlagen brauche ich bis 15 Uhr.* (Sie hört: *Sie sind so unzuverlässig und langsam. Machen Sie bloß dieses Mal die Unterlagen schneller und gründlicher fertig.*)

▶ **Wie ich es sage**

Der Ton macht die Musik und er verändert auch die Bedeutung unseres Gesagten. Hierbei spielt die *Körpersprache* eine entscheidende Rolle.

Die Körpersprache ist wichtig

Beispiel: *Ich fühle mich wohl und mir geht es auch ganz gut.* Schleiche ich dabei matt daher, lasse die Schultern hängen, habe zusammengekniffene Augen und zeige ein schmerzverzerrtes Gesicht, so wird meine Botschaft anders aufgenommen, als wenn ich locker und voller Elan daherkomme, übers ganze Gesicht strahle usw.

Test: Ihr Gesprächsprofil

Entgegen der landläufigen Meinung, dass doch jeder kommunizieren kann, zeigt die Wirklichkeit, wie schwierig diese elementare menschliche Verhaltensweise ist. Dabei kann jeder zunächst nur bei sich selbst anfangen, um etwas daran zu ändern.

Dazu ist es notwendig, sich ehrlich und ausgiebig über das eigene Verhalten in Gesprächssituationen Gedanken zu machen. Denn meistens erleben wir lediglich die unguten Resultate schlecht geführter Kommunikation, ohne bis zu den *tatsächlichen Ursachen* der Probleme vorzustoßen.

Und sehr häufig suchen wir die Schuld nicht bei uns, sondern bei unserem Gesprächspartner. Analysieren Sie deshalb anhand des folgenden Tests einmal, wie Sie Gespräche führen.

Schätzen Sie sich möglichst genau ein

Lernen Sie Ihr Gesprächsverhalten besser kennen

TEST

Ihr Gesprächsprofil

Vorgehen

Kreuzen Sie bitte bei jeder Aussage an, in welchem Ausmaß sie auf Ihr Verhalten zutrifft.

Dieses Verhalten kommt bei mir vor:	nie	manchmal	öfter	immer
Ich begrüße meinen Verhandlungspartner mit Handschlag.				
Ich halte Blickkontakt.				
Ich merke mir Namen und Titel meines Gegenübers.				
Ich achte auf mein Äußeres.				
Ich habe mich auf meinen Gesprächspartner vorbereitet.				
Ich spreche schnell.				
Meine Stimme klingt gepresst.				
Ich benutze lange Sätze.				
Ich wiederhole Aussagen.				
Mit Fremdwörtern und Fachausdrücken zeige ich meine Fachkompetenz.				
Ich überprüfe meine sprachlichen Eigenheiten.				
Ich spreche von eigenen Erfahrungen.				

Ihre sprachlichen Eigenheiten

Dieses Verhalten kommt bei mir vor:	nie	manch-mal	öfter	immer
Ich kann aufmerksam zuhören.				
Ich stürze mich sofort in das Gespräch.				
Ich kenne meine Körperhaltung.				
Ich verliere den Anschluss an das, was mein Partner sagt.				
Ich höre auch abweichenden Meinungen zu, ohne dass ich mir bereits eigene Gedanken mache.				
Ich unterbreche meinen Gesprächspartner.				
Ich rede, weil ich das Gespräch in meine Richtung lenken will.				
Ich weiß sehr schnell, was der andere will.				
Ich frage nach, ob ich meinen Gesprächspartner richtig verstanden habe.				
Ich ermuntere mein Gegenüber zum Sprechen.				
Ich spreche den anderen mit seinem Namen an.				
Ich stelle Fragen, um viele Informationen zu gewinnen.				
Ich formuliere schon beim Zuhören eigene Gedanken.				

Hören Sie zu?

Sehen Sie sich zum Vergleich das »Idealprofil« in Ruhe an

Ein ideales Gesprächsprofil

Lösungsansatz

Vergleichen Sie Ihre Einschätzung mit dem folgenden »Idealprofil«.

Dieses Verhalten kommt bei mir vor:	nie	manchmal	öfter	immer
Ich begrüße meinen Verhandlungspartner mit Handschlag.				X
Ich halte Blickkontakt.			X	
Ich merke mir Namen und Titel meines Gegenübers.				X
Ich achte auf mein Äußeres.				X
Ich habe mich auf meinen Gesprächspartner vorbereitet.				X
Ich spreche schnell.	X			
Meine Stimme klingt gepresst.	X			
Ich benutze lange Sätze.		X		
Ich wiederhole Aussagen.		X		
Mit Fremdwörtern und Fachausdrücken zeige ich meine Fachkompetenz.	X			
Ich überprüfe meine sprachlichen Eigenheiten.			X	
Ich spreche von eigenen Erfahrungen.		X		
Ich kann aufmerksam zuhören.				X

Kompetenz muss nicht durch Fremdwörter demonstriert werden

Dieses Verhalten kommt bei mir vor:	nie	manch-mal	öfter	immer
Ich stürze mich sofort in das Gespräch.	X			
Ich kenne meine Körperhaltung.				X
Ich verliere den Anschluss an das, was mein Partner sagt.	X			
Ich höre auch abweichenden Meinungen zu, ohne dass ich mir bereits eigene Gedanken mache.				X
Ich unterbreche meinen Gesprächspartner.	X			
Ich rede, weil ich das Gespräch in meine Richtung lenken will.	X			
Ich weiß sehr schnell, was der andere will.	X			
Ich frage nach, ob ich meinen Gesprächspartner richtig verstanden habe.				X
Ich ermuntere mein Gegenüber zum Sprechen.				X
Ich spreche den anderen mit seinem Namen an.			X	
Ich stelle Fragen, um viele Informationen zu gewinnen.			X	
Ich formuliere schon beim Zuhören eigene Gedanken.	X			

Erst einmal zuhören

Nutzen Sie den Vergleich, um Veränderungspotenzial zu entdecken

Wie Sie Ihre Sprache optimieren können

Reaktionsempfehlung

Gehen Sie jede einzelne Aussage durch und stellen Sie fest, wie weit Sie vom Idealverhalten entfernt sind. So können Sie gut erkennen, in welchen Bereichen Sie bereits ein Gesprächsprofi sind und wo Sie Nachholbedarf haben.

Nehmen Sie die Idealvorgabe als Richtlinie, wohin Sie sich entwickeln sollten, damit Sie in Verhandlungen bestehen können. Denken Sie aber daran, dass Sie nicht alle Defizite auf einmal beseitigen können. Gehen Sie *einzeln und schrittweise* vor, indem Sie die Vorschläge in diesem Kapitel umsetzen.

2.2 Gewinnerkompetenz I: Sprache

WISSENSWERT

Von Antoine de Saint-Exupéry stammt die Ansicht:
Die Sprache ist die Quelle aller Missverständnisse.

Oberstes Prinzip: verstanden werden und verstehen

Gemäß dieser Erkenntnis sollten Sie Kommunikationsstörungen verhindern, die durch den Gebrauch falscher oder missverständlicher sprachlicher Elemente entstehen. Dazu gehört auch der richtige Einsatz Ihrer *Stimme*. Denken Sie stets an das oberste Prinzip: verstanden werden und verstehen.

Im Folgenden lernen Sie einige Faktoren kennen, die zu einem störungsärmeren Gesprächsverlauf beitragen können.

So sollte Ihre Sprache sein

Sie alle kennen Redner, die durch unklare Ausdrucksweise und missverständliche Formulierungen dafür sorgen, dass andere sie kaum oder gar nicht verstehen. Dabei braucht man nicht nur an Politiker oder Professoren zu denken. Auch in anderen Kontexten passiert das immer wieder.

FALLBEISPIEL

Bei der Besprechung für die neue Produktschiene sind in der Ohnesorg AG alle Abteilungsleiter und die Geschäftsleitung versammelt. Gerade schildert der Produktionsleiter seine Sicht der Dinge:

Wie Sie ja schon aus den vorhergehenden Produktentwicklungen wissen, zeigen sich die Absorptionsneigungen gerade unserer Produkte in einem diffizilen Vertikalverhältnis. Sie können es sich wie einen Hirsch vorstellen, der gerade Erdbeeren anpflanzen will. Wir sollten deshalb, und darauf lege ich Wert, denn das habe ich während meiner langen Laufbahn gelernt, jeden Punkt schlüssig abhandeln, damit wir die Einführung nicht in unnötiger Weise verkomplizieren, endlich auf einen Standard kommen, der auch der Entwicklungsabteilung genügend Zeit zum Handeln bietet, denn nur so können Fehlentwicklungen abgewendet werden. Da werden Sie mir sicherlich zustimmen müssen?«

Sowohl der Marketingchef als auch der Geschäftsführer und einige andere schauen unschlüssig drein.

Was will der Redner sagen?

Aber nicht nur die!

Auch Sie werden sich – selbst bei mehrmaligem Lesen – fragen, was er nun eigentlich sagen wollte. Gehen Sie doch einmal Ihre Erfahrungen durch und überlegen Sie, wo Ihnen solche sprachlichen Unverständlichkeiten bereits untergekommen sind. Sie werden wahrscheinlich eine ganze Menge Situationen finden.

Damit Sie selbst aber sprachliche Fehler vermeiden, sollten Sie die folgenden Punkte beachten:

Einfachheit

Sie ist die wichtigste Eigenschaft für Ihre Worte und Sätze. Eine einfache und verständliche Sprache erreichen Sie, indem Sie

- möglichst kurze Sätze verwenden (8 bis 15 Wörter)
- pro Satz nur einen Gedanken vermitteln
- sich nicht grammatikalisch versteigen

Verstecken Sie sich nicht hinter einer komplizierten Sprache

So sollte Ihre Sprache sein

- so wenig Nebensätze wie möglich einsetzen
- weniger Substantive und dafür mehr Verben benutzen
- keine ungeläufigen Fremdwörter gebrauchen
- auf zu spezielle Fachausdrücke verzichten
- anschauliche und nachvollziehbare Vergleiche heranziehen

Gliederung

Handelt es sich um einen längeren Gesprächsbeitrag, sollte er sich dadurch auszeichnen, dass er *übersichtlich* ist und für den Gesprächspartner keinerlei Orientierungsprobleme erzeugt. Geben Sie Hinweise dazu, wie Ihr Beitrag aufgebaut ist und welche inhaltlichen Schwerpunkte er enthält. Sie erhöhen die Verständlichkeit weiter, wenn Sie wichtige Stellen besonders hervorheben.

Ordnung

Die innere Struktur

Sorgen Sie dafür, dass Ihr Redebeitrag einer *inneren Struktur* folgt. Springen Sie nicht von einem Punkt zum nächsten.

Kürze und Prägnanz

Wenn Sie zu viel abschweifen, schalten Ihre Gesprächspartner ab oder sie verlieren den Faden. Nehmen Sie sich vor, mit so wenig Sätzen wie möglich Ihre Informationen zu vermitteln.

Visuelle Elemente verwenden

Damit Ihre Argumente für den Partner prägnant sind, sollten Sie diese auf seine Situation beziehen und den Vorteil für ihn herausstellen. Verwenden Sie grafische oder andere visuelle Elemente zur Veranschaulichung, wenn es zu kompliziert werden könnte.

EXPERTENTIPP

Überschütten Sie Ihren Gesprächspartner nicht mit Informationen. Unser Kurzzeitgedächtnis kann höchstens neun Informationen speichern.

Gefühlsmäßige Ansprache

Hüten Sie sich vor einer zu rational geführten Verhandlung – sprechen Sie Ihren Verhandlungspartner auch auf der Gefühlsebene an. Bringen Sie Beispiele, mit denen er etwas anfangen kann, vergleichen Sie aus seiner Sicht oder stellen Sie Fragen, um seine Erfahrungen besser kennen zu lernen. Auf diese Weise prägen sich Ihre Inhalte viel stärker bei ihm ein.

Die Sicht des anderen

Sprechregeln

Damit Ihre Inhalte beim Gesprächspartner ankommen, ist es wichtig, wie Sie sprechen. Wer zu leise spricht, wird genauso wenig verstanden wie der, der à la Dieter Thomas Heck seinen Text im Schnellzugtempo abspult.

CHECKLISTE

Darauf sollten Sie achten

- Sprechen Sie deutlich.
- Setzen Sie Akzente.
- Sprechen Sie jede Silbe.
- Verschlucken Sie keine Endungen.
- Unterdrücken Sie keine Anfangssilben.
- Nuscheln Sie nicht.
- Bewegen Sie den Mund.
- Lassen Sie Verlegenheitslaute weg.
- Sprechen Sie nicht zu »gestelzt«.
- Gewichten und unterstreichen Sie Wichtiges.
- Variieren Sie Ihren Sprechrhythmus.
- Achten Sie auf angemessene Lautstärke.
- Machen Sie Pausen.
- Passen Sie Ihr Sprachniveau dem Ihres Gesprächspartners an.
- Verwenden Sie nur wenig Dialekt.

Hier gilt: Übung macht den Meister

So vermeiden Sie sprachliche Fehler

Das sollten Sie vermeiden

Sie können Ihr Kommunikationsverhalten auch optimieren, indem Sie einige Verhaltensweisen nicht praktizieren. Gehen Sie einfach die Aufzählung durch und fragen Sie sich, ob Sie die eine oder andere von sich selbst kennen.

»Sprachschrott«

Wir haben im Lauf der Zeit von anderen, aus den Medien oder einfach durch Unachtsamkeit eine ganze Reihe an sprachlichen Umgangsformen angenommen, die häufig die Verständlichkeit erschweren. Sie rutschen uns bei allen passenden und unpassenden Gelegenheiten heraus und ihr häufiger Gebrauch führt oft dazu, dass unsere Akzeptanz beim anderen leidet.

Bekannte Beispiele dafür sind:

Typische Floskeln

- *Ich würde sagen ...*
- *Ich sage mal ...*
- *Ich denke, dass ...*
- *Absolut*
- *Super*
- *Wahnsinn*

Aber auch Aussagen in der *Negativform* sind eine überflüssige Angewohnheit:

- *nicht schlecht* statt *gut*
- *nicht verkehrt* statt *richtig*
- *nicht angenehm* statt *unangenehm*

Vor der Verwendung des unpersönlichen »man« sollten Sie sich ebenfalls hüten, wenn es um Zusammenhänge geht, bei denen Sie eine persönliche Aussage machen:

Bleiben Sie persönlich!

- *Man hat sich dann im Besprechungszimmer eingefunden ...*, obwohl gemeint ist *Ich bin dann in das Besprechungszimmer gegangen ...*
- *Man könnte ja eine Pause einlegen ...* statt *Ich möchte gerne eine Pause einlegen ...*

Stehen Sie vielmehr zu sich und Ihren Äußerungen. So zeigen Sie Selbstverantwortung und Rückgrat.

Das »Eigene« überbewerten

Häufig entstehen Missverständnisse und sogar Konflikte dadurch, dass von *falschen Voraussetzungen* ausgegangen wird. Ursache ist dabei die Ansicht, dass der andere genauso denkt und fühlt wie ich. Es gibt dabei unterschiedliche Fehlannahmen.

Andere denken oft auch anders

- Der eine glaubt, dass der andere doch die Welt so sehen muss, wie er und damit alles auch auf die gleiche Weise beurteilen sollte.
- Ein Sachverhalt wird durch unterschiedliche Begriffe ausgedrückt.
- Verschiedene Bildungs- und Informationsniveus sorgen für Missverständnisse.
- Die kulturellen Kontexte sind nicht identisch, aber der eigene wird trotzdem als alleiniger Maßstab herangezogen (gilt besonders bei internationalen Verhandlungen).
- Es wird übersehen, dass jeder andere Erfahrungen haben kann.

Killerphrasen

Es gibt Aussprüche und Redewendungen, die so sehr die Kommunikation beeinträchtigen, dass sie zu Recht als »Killer« angesehen werden. Oft sind sie uns gar nicht bewusst und wir wundern uns, dass der andere zurückschreckt, sich verschließt oder aggressiv reagiert. Klären Sie Ihren eigenen Sprachgebrauch und werden Sie diese »Killer« unbedingt los. Sie können alle Aussprüche dazuzählen, die so oder so ähnlich klingen:

- *Das ist unmöglich.*
- *Dafür haben wir keine Zeit.*
- *Dafür bin ich nicht zuständig.*
- *Bei uns geht das nicht.*
- *So geht das nicht.*
- *Haben wir alles schon versucht.*
- *Wenn Sie richtig zugehört hätten …*
- *Das ist Ihr Problem.*

Machen Sie die Probe: Wie wirken solche Aussagen auf Sie?

Durch Fragen führen

- *So etwas habe ich ja noch nie gehört.*
- *Dafür kann ich doch nichts.*
- *Das sehen Sie falsch.*
- *Haben Sie verstanden?.*
- *Da haben höchstens Sie etwas falsch gemacht.*

2.3 Gewinnerkompetenz II: fragen und zuhören

Die beiden zentralen Elemente guter Gesprächsführung sind der Einsatz von gezielten Fragen und das *aktive Zuhören*. Dabei handelt es sich jedoch nicht um Methoden, die wir von Haus aus beherrschen.

»Das richtige Fragen« bzw. »das Richtige fragen« setzt Übung und Vorbereitung voraus. Nur so wird die Fragetechnik zu dem, was sie sein kann und sein sollte: die Hauptstrategie, um Gespräche zu steuern.

Ohne entsprechendes Zuhören verpufft die Fragetechnik allerdings im Nichts. Denn nur wer fragt *und* zuhört, wird entscheidende Informationen gewinnen, seine Argumente aufbauen und sie zielorientiert verwenden können.

EXPERTENTIPP

Denken Sie daran:
Wer Probleme lösen will, muss sie erst einmal genau kennen.
Nichts hilft Ihnen dabei mehr als fragen und zuhören.

Effektiv fragen in Verhandlungssituationen

Keine Monologe halten!

Wer fragt, führt! Diese Erkenntnis der Kommunikationswissenschaft ist inzwischen schon zur Binsenweisheit geworden. Oftmals wird sie jedoch nur als theoretisches Wissen im Hinterkopf gespeichert. Und so erleben wir immer wieder Führungskräfte, die ellenlange Monologe führen, ihren eigenen Gedanken nachhängen und die falschen oder kaum Fragen stellen.

Eine Verhandlungssituation ist aber dadurch gekennzeichnet, dass sich zwei Partner annähern und auf einen Konsens einigen sollen. Wie aber soll das gehen, wenn man nicht weiß, was den anderen antreibt, behindert, stört, einschränkt oder was er will?

CHECKLISTE

Das leisten Fragen in Verhandlungen

Was Ihnen Fragen bringen

- Sie liefern wichtige Informationen.
- Mit ihnen kann der Gesprächspartner gelenkt werden.
- Sie erzeugen Vertrauen.
- Durch sie kann der Verhandlungspartner besser eingeschätzt werden.
- Dadurch geben Sie dem Verhandlungspartner das Gefühl, dass Sie ihn und sein Anliegen ernst nehmen.
- Aggressionen wird durch sie vorgebeugt.
- Mit ihrer Hilfe können Sie Gegenargumente leichter erkennen.
- Sie verhindern Monologe.
- Damit klären Sie Meinungsunterschiede.
- So können Sie den Verhandlungspartner motivieren.
- Sie entlarven damit Einwände.
- Durch Fragen wird vermieden, dass sich Verhandlungen festfahren.

Die Funktionen von Fragen sind sehr vielfältig und ihr Nutzen ist kaum zu überschätzen. Je mehr Sie auf diese Möglichkeit der Gesprächsführung zurückgreifen, umso deutlicher wird Ihnen ihr Wert werden.

Diese Einsatzmöglichkeiten zeigen es deutlich: Wer fragt, lenkt das Gespräch

Für Verhandlungen sind eine ganze Reihe von *Einsatzmöglichkeiten* für Fragen gegeben. Versuchen Sie sich die Fragen jeweils bereitzulegen und sie in Ihre Verhandlungsführung einzubauen. Die folgende Aufstellung hilft Ihnen dabei:

Fragen für Ihre Verhandlungen

Einsatzmöglichkeit	Beispiele
Zur Eröffnung der Verhandlung	*Wo sehen Sie die Probleme?* *Wie kann ich Ihnen helfen?*
Weiterführende Fragen	*Welche Vorstellungen haben Sie?* *Was hat zu dem Problem geführt?*
Konkretisierungsfragen	*Was verstehen Sie unter deutlicher Preissenkung?* *Wie sieht das praktisch aus?*
Motivationsfragen	*Was hat Sie denn besonders betroffen?* *Warum haben Sie sich erst heute gemeldet?*
Lenkungsfragen	*Was halten Sie davon, wenn wir mit Punkt A beginnen?* *Sollten wir nicht erst die Ursache ergründen?*
Eingrenzende Fragen	*Was ist dabei besonders dringlich?* *Wie viele Paletten brauchen Sie denn?*
Detailfragen	*Wie viel Stellen wird die Fusion schlucken?* *Wann genau brauchen Sie die Lieferung?*
Interpretationsfragen	*Wollen Sie damit sagen, dass …?* *Ist es das, was Sie meinen?*
Klärungsfragen	*Womit genau sind Sie nicht zurechtgekommen?* *Worin besteht Ihr Angebot konkret?*
Verständnisfragen	*Habe ich Sie richtig verstanden, dass …?* *Meinen Sie, dass …?*
Verstärkungsfragen	*Wenn ich Sie richtig verstanden habe, handelt es sich um …?* *Was halten Sie davon?*
»Bittfragen«	*Können Sie uns einen Vorschlag machen?* *Haben Sie eine Lösungsidee?*

Interpretationen klären

Einsatzmöglichkeit	Beispiele
»Rückführfragen«	*Wollen wir uns wieder dem Thema zuwenden?* *Welches Problem sollen wir nun zuerst behandeln?*
»Sackgassenfragen«	*Was sollte nach Ihrer Meinung geschehen, damit wir eine Einigung erzielen können?* *Was müsste passieren, damit Sie den Vertrag unterzeichnen können?*
Zusammenfassungs-fragen	*Darf ich Ihre Punkte kurz zusammenfassen?* *Sie sagten also, dass ...?*
Feedbackfragen	*Wie sehen Sie das?* *Welche Auffassung haben Sie?*
Ergebnisfragen	*Wie wollen Sie die Lieferfrist künftig einhalten?* *Wie sieht die Finanzierung aus?*
Anregende Fragen	*Wie wäre es, wenn wir ein völlig neues Liefersystem aufbauen würden?* *Was wäre, wenn wir mit der Konkurrenz zusammenarbeiten?*
Alternativfragen	*Wollen Sie die Lieferung diese Woche oder reicht auch der kommende Montag?* *Erhalten wir den Kredit nun zu 8 oder 8,5 Prozent?*
Abschlussfragen	*Sie wollen also 100 Paletten haben?* *Wir bekommen von Ihnen bis ...?*

Den anderen »festnageln«

Erarbeiten Sie sich eigene Formulierungen und Sie erhalten ein gutes Instrumentarium für viele Situationen

Reaktionsempfehlung

Nehmen Sie diese Liste und erarbeiten Sie sich eigene Formulierungen für die verschiedenen Einsatzmöglichkeiten. Modifizieren Sie sie so, dass sie für Ihre Belange brauchbar werden. Ergänzen Sie weitere Einsatzmöglichkeiten, die sich aus Ihrem speziellen Verhandlungsumfeld ergeben.

Und ganz wichtig: *Üben* Sie das Fragen! Beginnen Sie damit am besten im privaten Sektor. Verbessern Sie sich, indem Sie Fragen gezielter einsetzen und auf Ihren Gesprächspartner und seine Bedürfnisse eingehen.

Damit das gelingt, hier einige *Tipps*:

- Verwenden Sie keine Suggestivfragen (*Ich bin sicher, Sie stimmen mir zu, dass …?*). Sie klingen arrogant, wirken herablassend und degradieren den Verhandlungspartner zum jasagenden Statisten. Außerdem bergen sie die Gefahr, dass Sie keine oder nur die erwartete Information erhalten.
- Setzen Sie die Fragen im Gespräch so ein, dass sie zu einem Element des Ablaufs werden. Vermeiden Sie das Abschießen von »Fragekanonen«, bei denen der andere das Gefühl hat, im Kreuzverhör zu sein.

Nur *eine* Frage!

- Stellen Sie immer nur eine Frage. Bei Journalisten können Sie oft beobachten, dass sie in eine Frage gleich mehrere einbauen: *Herr Minister, werden sie wieder kandidieren? Und glauben Sie, dass Ihre Partei Sie dabei unterstützen wird? Wobei die Querelen in Ihrer Partei natürlich nicht gerade nützlich sind, oder?* – Worauf soll der Minister antworten?
- Spielen Sie nicht russisches Roulette! Bieten Sie mit einer Alternativfrage nicht zwei Möglichkeiten an, von denen Sie die eine gar nicht erfüllen können oder wollen. Damit manövrieren Sie sich selbst ins Abseits.

Aggression vermeiden

- Stellen Sie keine aggressiven Fragen (*Das meinen Sie doch nicht ernst?; Sie wissen wohl nicht, wie spät es ist?*).
- Formulieren Sie Ihre Fragen einfach und unkompliziert.
- Variieren Sie Frageform und Fragewort, damit es nicht zu monoton wird.

WISSENSWERT

Ein chinesisches Sprichwort sagt:
Wer fragt, ist ein paar Sekunden dumm, wer nicht fragt, ein Leben lang.

Vom »Hinhörer« zum Zuhörer

Zuhören ist nicht gleich Hören!

Fragen allein macht noch keinen Verhandlungsprofi. Erst im Zusammenspiel mit gutem Zuhören wird daraus eine Erfolgsmethode. Sie wollen ja den Gesprächspartner verstehen, um zu einem guten Abschluss zu kommen. Aber warum ist zuhören so schwierig?

Wir verwechseln gerne das *Hören* mit dem *Zuhören*. Beim Hören dringen zwar die Worte des anderen an unser Ohr, aber wir nehmen nur einen Teil oder gar nichts von dem auf, was er sagt.

Zum einen arbeitet da ein Filter, der alles aussiebt, was wir hören wollen. Der Rest wird einfach überhört. Zum anderen schalten wir gerne ab. Unsere Gedanken sind uns wichtiger oder sie lenken uns ab. Wir nehmen von unserem Verhandlungspartner nur wenige seiner Worte auf, nur ein paar Reizworte bleiben hängen. Ansonsten sind unsere Ohren »auf Durchzug gestellt«.

WISSENSWERT

Wir können ca. 400 Wörter pro Minute aufnehmen. Ein normaler Sprecher übermittelt allerdings nur 150 bis 200 Wörter. Da bleibt viel Spielraum für ablenkende, ergänzende oder interpretierende Gedanken.

Deshalb hören wir nicht selten hin, ohne darüber nachzudenken, was das Gehörte bedeutet, was der andere will, wie er es meint.

Aktives Zuhören ist eine ganz andere Art des Hörens. Dabei hören wir nicht nur, was unser Verhandlungspartner sagt, sondern wir versuchen auch, es zu verstehen und in größere Zusammenhänge einzuordnen. Damit das klappt, sollten Sie die folgenden Punkte beachten.

Beschließen Sie, ein guter Zuhörer zu werden

Aktives Zuhören in der Praxis

CHECKLISTE

Aktives Zuhören

- Stellen Sie sich positiv auf den Verhandlungspartner ein.
- Sehen Sie in ihm den Mittelpunkt des Gesprächs.
- Hören Sie ganz zu (Ohren, Augen, alle Sinne).
- Konzentrieren Sie sich auf Ihren Verhandlungspartner.
- Schalten Sie Störungen und Ablenkungen aus.
- Reden Sie nicht zu viel.
- Bewerten Sie das Gesagte nicht, sondern versuchen Sie zu verstehen.
- Unterbrechen Sie Ihren Verhandlungspartner nicht.
- Fragen Sie nach.

Diese besonders reife und professionelle Form der Gesprächsführung wird Ihnen helfen: Sie werden bessere Verhandlungen absolvieren, mehr Informationen erhalten und Ihre Argumente wirksamer einsetzen können. Und so können Sie das in der Praxis anwenden:

- Halten Sie Blickkontakt.
- Wenden Sie sich mit Ihrem Körper dem Verhandlungspartner zu.
- Zeigen Sie durch Kopfnicken, dass Sie bei der Sache sind.
- Benutzen Sie ermutigende Signale (*aha; hmmh; genau; jaja; ach was; wirklich*).
- Greifen Sie einzelne Wörter und Aussagen Ihres Verhandlungspartners auf und wiederholen Sie sie (*dreihundert Tonnen!*; *nicht geliefert?*).
- Fragen Sie sinngemäß nach (*Sie haben also das Gefühl, …*).

Zusammenfassen … … und umschreiben

- Fassen Sie an geeigneten Stellen kurz die Aussagen Ihres Partners zusammen (*Mit anderen Worten, Sie …*).
- Zeigen Sie durch Umschreibungen, dass Sie ihn verstanden haben (*Wenn ich Sie richtig verstehe, wollen Sie …*).
- Bauen Sie Ihre Aussagen auf dem auf, was der Verhandlungspartner gerade geäußert hat.

Besonders in der *Anfangsphase von Verhandlungen* sollten Sie das aktive Zuhören ausgiebig praktizieren. Das schafft zum einen die nötige Vertrauensbasis und zum anderen verhilft es Ihnen zu einer Menge Informationen für den weiteren Verhandlungsverlauf.

Üben Sie diese kommunikative Fähigkeit bei allen möglichen Gelegenheiten, auch privat.

Privat üben

WISSENSWERT

Meine Großmutter hatte dafür dieses Sprichwort:
Wir haben einen Mund, aber zwei Ohren, damit wir doppelt so viel hören wie reden.

2.4 Gewinnerkompetenz III: Körpersprache und Kontaktbrücken

Kommunikation besteht nicht nur aus dem, was wir sagen. Oft genug ist das »Wie« wesentlich aussagekräftiger. Unser Körper spricht tatsächlich mit und seine Möglichkeiten sind im Vergleich zur gesprochenen Sprache enorm.

Körpersignale deuten: Möglichkeiten und Grenzen

Die nonverbale Sprache ist uns allen bestens geläufig. Wenn wir Kleinkinder betrachten, die noch nicht sprechen können, dann konzentrieren wir uns automatisch darauf, jede Regung des Babys aufzunehmen. Aber auch im *interkulturellen Umgang* bleibt uns oft nur das Ausweichen auf Zeichen- und Körpersprache, weil wir mit Worten nicht zueinander finden.

Je mehr Sie sich mit Körpersprache befassen, desto sicherer werden Sie im Umgang mit anderen

Aber die Deutung von Körpersprache in Alltag und Beruf ist nicht leicht.

Die Körpersprache Ihres Gegenübers

FALLBEISPIEL

Stellen Sie sich vor, Sie kommen in das Büro von Herrn Müller. Er ist ein äußerst wichtiger Kunde Ihrer Firma und Sie möchten mit ihm einen großen Auftrag abwickeln. Außerdem hat Ihr Vorgesetzter angedeutet, dass von dieser Verhandlung und ihrem Ausgang abhängt, wie sich Ihre Aufstiegsmöglichkeiten gestalten.

Und nun kommen Sie herein. Da sitzt Herr Müller, nein, er hängt eher, mit den Ellbogen auf die Sessellehne gestützt, in seinem Stuhl. Seine Augen blicken böse und sein Gesicht wirkt verkniffen.

Auf Ihre freundlichen Grußworte reagiert er mit einem *Tag auch, setzen Sie sich*. Statt eines Handschlags verschränkt er die Arme und stöhnt auf.

Sie fühlen sich beklommen und unsicher. Denn auch auf einige allgemeine Fragen bekommen Sie nur kurze Antworten. Und immer wieder blickt Herr Müller auf die Uhr …

So stark reagieren wir auf Körpersprache

Auweia, werden Sie sagen. Da haben Sie einen ganz schönen Brocken erwischt. Bereits aus dieser kurzen Situationsbeschreibung wird deutlich, wie sehr wir auf die Körpersprache reagieren. Aber was drückt Herr Müller eigentlich aus?

Testen Sie einmal, wie gut Sie mit körpersprachlichen Signalen zurechtkommen, und versuchen Sie Herrn Müllers Verhalten zu entschlüsseln.

ÜBUNG

Deutung der Körpersprache

Was drückt Herr Müller aus?

Kreuzen Sie an, was Herr Müller durch seinen Körper ausdrückt. Ergänzen Sie in den leeren Zeilen Deutungsmöglichkeiten, die Ihnen zusätzlich einfallen.

Wie deuten Sie sein Verhalten?

Herr Müller ist …	Ja	Nein
… wütend		
… verärgert		
… aggressiv		
… unzufrieden		
… unwillig		
… mit Ihrer Firma unzufrieden		
… mit Ihrer Person nicht einverstanden		
… nicht gewillt zu verhandeln		
… gewillt, die Beziehungen mit Ihrer Firma abzubrechen		
… sauer		
…		
…		
…		
…		
…		
…		
…		
…		
…		
…		
…		
…		

Dieses Beispiel zeigt Ihnen, wie Sie am besten mit solchen Körpersignalen umgehen

Körpersprachliche Signale entschlüsseln

Lösungsansatz

Es ist ein Kreuz mit Herrn Müller. Verhandeln wird da so oder so kein Spaß werden – und ob ein gutes Ergebnis dabei herauskommt, ist erst recht fraglich.

Zunächst einmal können alle oben aufgeführten Möglichkeiten zutreffen. Sein Verhalten könnte Unwilligkeit genauso ausdrücken wie Unzufriedenheit mit Ihrer Firma. Daneben gibt es noch eine ganze Reihe anderer Möglichkeiten. Zum Beispiel könnte er Zahn- oder Bauchschmerzen haben, die ihn so quälen, dass er gar nicht weiß, wie er sich verhalten soll.

Der Fall von Herrn Müller zeigt die Grenzen der Deutung von Körpersprache auf. Wir können nicht aus einem oder ein paar Elementen unmissverständlich auf die Hintergründe schließen. Stets gilt es, den *Kontext* zu beachten, den Zusammenhang mit der Sprache und die Art unserer Beziehung zum jeweiligen Gegenüber.

Dieses Beispiel zeigt auch, wie wichtig es ist, dass Sie körpersprachliche Äußerungen hinterfragen, wenn sie nicht eindeutig sind. Sonst gehen Sie vielleicht davon aus, dass der andere einen Groll auf Ihre Firma hegt, während er sich tatsächlich mit Schmerzen herumquält.

Feedback mit »Ich-Botschaften«

Hier ist Feedback wichtig. Teilen Sie Herrn Müller mit, was Sie wahrnehmen. Verwenden Sie dazu »*Ich-Botschaften*«, z. B.:

- *Herr Müller, ich habe den Eindruck, dass Sie heute nicht mit mir sprechen wollen. Sollen wir uns vertagen?*
- *Herr Müller, ich finde, dass Sie heute anders sind als sonst. Gibt es ein Problem?*
- *Herr Müller, mir scheint, dass es Ihnen heute nicht gut geht. Täusche ich mich da?*

So oder so ähnlich könnten Sie in dieser Verhandlungssituation den wahren Gründen näher kommen. Wie Sie dabei vorgehen, hängt unter anderem davon ab, in welcher *Beziehung* Sie zu Herrn Müller stehen, ob es der erste Kontakt ist oder ob Sie sich schon lange kennen.

Das Fallbeispiel zeigt aber auch, wie wichtig es ist, auf Körpersignale zu achten. Denn dass etwas nicht stimmt, konnten wir dem Verhalten von Herrn Müller eindeutig entnehmen.

EXPERTENTIPP

Je besser Sie die Körpersprache Ihres Verhandlungspartners entschlüsseln, desto stärker wird Ihre Verhandlungsposition. Werden Sie aufmerksam dafür, denn meistens treten gleich mehrere Signale gemeinsam auf.

So spricht der Körper

Auch wenn die einzelnen Signale meistens nicht eindeutig sind, sollten Sie die häufigsten kennen und beachten. Wenn wir Verhandlungen führen, tun wir das stets als ganze Person. Daher ist es nötig, alle Äußerungen einer Analyse zu unterziehen.

Kontexte wahrnehmen

Was uns dabei hilft, ist eine gesunde Portion unserer ursprünglichen *Wahrnehmungsfähigkeit* für solche Kontexte. Wir brauchen kein Übersetzungsbuch für einzelne Signale, sondern die Fähigkeit, zusammengehörige Äußerungen aufzunehmen und zu ergründen.

Befassen wir uns deshalb mit den gängigsten Formen der Körpersprache.

Haltung

Sie spiegelt meist unmittelbar die aktuellen Gefühle wider.

Haltung	Gefühl
gerade stehen	positive Grundstimmung Selbstbewusstsein
hängende Schultern und hängender Kopf	Niedergeschlagenheit Minderwertigkeitsgefühle
verschränkte Beine	Distanz zum Gegenüber Vorsicht und Defensive
leicht geöffnete, nebeneinander stehende Beine	aufmerksames Zuhören Aufnahmebereitschaft

Schärfen Sie Ihre Aufmerksamkeit für die Körpersignale Ihres Verhandlungspartners

Was bestimmte Signale bedeuten

Haltung	Gefühl
verschränkte Arme	Abgrenzung Verschlossenheit
vorgebeugter Oberkörper	Interesse Offenheit

Blickkontakt

Über die Augen wird ein besonders intensiver Kontakt hergestellt. Das ist sogar in die Alltagssprache eingeflossen (»Liebe auf den ersten Blick«, »sich mit Blicken töten«, »der böse Blick«, »sich bedeutungsvolle Blicke zuwerfen").

Blick	Bedeutung
Blick zur Seite	Ausweichen
Blick nach unten	Vorsicht Unterwürfigkeit
Blick in Ihre Augen	Interesse Aufmerksamkeit

Mimik

Der Gesamteindruck zählt

Sie umschreibt die Ausdrucksformen, die unser Gesicht haben kann. Ein anderer Ausdruck dafür ist »Gesichtszüge«. Dabei bilden wir aus dem Zusammenspiel von Mund, Augenpartie, Augenbrauen und Stirn einen Gesamteindruck.

Mimik	Bedeutung
Stirnfalten	Konzentration Entschlossenheit
Lächeln	Offenheit, Zugänglichkeit

Mimik	Bedeutung
zusammengekniffenes Gesicht	Unzufriedenheit Ärger
zusammengepresster Mund	Wut Aggression
hängende Mundwinkel	Trauer Sorge

Gestik

Hierbei handelt es sich um Bewegungen von Kopf, Armen oder Händen. Meistens wird damit der Inhalt einer Aussage unterstrichen oder verdeutlicht. Gerade diese Körpersignale sind sehr vielfältig.

Die Gestik ist besonders vielfältig

Geste	Bedeutung
Spielen mit Gegenständen	Nervosität Unaufmerksamkeit
Hände verdecken den Mund	Unsicherheit Zurückhaltung
gefaltete Hände	Abwehr, Vorsicht
Hände reiben	Selbstsicherheit
mit den Händen die Stuhllehne umklammern	zurückgehaltene Gefühle Halt suchen
geballte Fäuste	Feindseligkeit
Kopfnicken	Zustimmung Anpassung Ergebenheit geistige Abwesenheit Ungeduld

Vermeiden Sie antrainierte Gesten: Sie verfehlen ihre Wirkung

Auf diese Signale sollten Sie besonders achten

Stimme

Die Stimme begleitet die verbalen Äußerungen und sorgt für die Vermittlung.

Stimme	Befinden
leise	Unsicherheit Gleichgültigkeit
häufige Versprecher	Unkonzentriertheit Unsicherheit
lautstark	Dominanz Zorn
monoton	Unsicherheit Gleichgültigkeit

Anspannung und Stress

Die Gesamtmotorik der Muskeln Ihres Verhandlungspartners zeigt meist recht deutlich, in welchem *Anspannungszustand* er sich befindet. Sind die Bewegungen flüssig, energisch und rund, so drückt das Entschlossenheit, Sicherheit und Elan aus.

Spannt er dagegen viele Muskeln an, klammert er sich an Gegenstände oder presst die Zähne aufeinander, ist er wahrscheinlich gespannt, nervös, ungeduldig oder unsicher.

Bei Stress kommen noch andere mögliche *Signale* hinzu:

So drückt sich Stress aus

- Das Blinzeln der Augen dauert länger.
- Der Blick bleibt lange an einem Punkt hängen.
- Der Nacken wird mit einer Hand abgestützt.
- Die Augenlider flackern.
- Die Hand wird an die Stirn gepresst.
- Der Blickkontakt ist unruhig.
- Schweiß steht auf der Stirn.
- Beide Hände reiben die Wangen.
- Die Sitzposition wird häufig gewechselt.

Vorsicht bei diesen Körpersignalen!

Es gibt ein paar deutliche Anzeichen, dass Ihr Verhandlungspartner das Gespräch abwürgen oder sich zumindest aus dem gerade besprochenen Thema zurückziehen will. Prüfen Sie deshalb die folgenden Körpersignale besonders kritisch:

Alarmsignale

- Zu Ihnen hin erhobene Handflächen.
- Der Kopf wird gesenkt.
- Die Faust wird geballt – mit dem Daumen nach oben.
- Augenrollen.
- Seine Hände winken (wiederholt) ab.
- Hochziehen der Augenbrauen.

Bei diesen »Killergesten« sollten Sie schnellstens reagieren und durch *Rückfragen* die Situation klären. Holen Sie den Verhandlungspartner wieder ins Gespräch zurück.

EXPERTENTIPP

Schärfen Sie Ihre Aufnahmefähigkeit für körperliche Signale und ihre möglichen Bedeutungen. Sie können Ihre Wahrnehmungsfähigkeit trainieren, indem Sie in Alltagsgesprächen oder am Fernseher ganz bewusst alle anderen Sinne ausblenden und jeweils nur *hinschauen* oder *hinhören* oder *fühlen*.

Dabei sollten Sie sich immer nur eine Art von Körpersprache vornehmen (Stimme, Gestik, Mimik, Gesamteindruck usw.)

Achten Sie auf Ihre eigene Körpersprache

Sie haben gesehen, wie einflussreich die Körpersprache Ihres Gesprächspartners für den Verlauf von Verhandlungen sein kann. Aber auch Ihr Körper trägt dazu bei, wie Sie gesehen werden, wie Ihre Aussagen aufgenommen werden und ob Ihnen der andere vertraut.

Sorgen Sie dafür, dass Sie auch mit dem Körper überzeugen

Die Körpersprache vollzieht sich zwar zu großen Teilen unbewusst, aber Sie können doch das eine oder andere beachten, damit Sie mit Ihrer nonverbalen Sprache überzeugen.

CHECKLISTE

So sorgen Sie für eine positive Körpersprache

- Sehen Sie den Verhandlungspartner an.
- Halten Sie sich aufrecht.
- Machen Sie ein freundliches Gesicht.
- Achten Sie auf einen festen Händedruck.
- Ihre Hände sollten mit nichts herumspielen.
- Verstecken Sie die Hände nicht in der Tasche oder auf dem Rücken.
- Bauen Sie keine Barrieren auf (z. B.: verschränkte Arme).
- Machen Sie keine »Killergesten« (z. B.: erhobener Zeigefinger).
- Gestikulieren Sie angemessen, nicht übertrieben.
- Achten Sie auf eine angenehme Lautstärke Ihrer Stimme.

Reaktionsempfehlung

Haben Sie unangenehme Angewohnheiten?

Um Ihre Körpersprache so effektiv wie möglich einsetzen zu können, sollten Sie Ihr derzeitiges Verhalten einer kleinen Analyse unterziehen. Schauen Sie, ob Sie *Angewohnheiten* angenommen haben, die auf den anderen unangenehm wirken könnten. Das kann z. B. sein, dass Sie gerne auf dem Stuhl hin- und herrutschen oder die Hand öfter vor den Mund halten. Dazu zählt aber auch das häufige Verschieben der Brille oder der unbeabsichtigte wiederholte Blick zur Uhr.

Verlassen Sie sich dabei nicht nur auf Ihre eigenen Beobachtungen, sondern bitten Sie Ihren Lebenspartner oder gute Freunde, dass sie Ihnen solche Auffälligkeiten mitteilen.

Damit stellen Sie Kontakt her

Körpersprache ist besonders genau

Gehen Sie an Verhandlungen mit der Einstellung heran, dass Sie gute Chancen haben, wenn Sie den anderen für sich gewinnen. Das geschieht hauptsächlich über Ihr Verhalten und Ihre Persönlichkeit.

Die Körpersprache transportiert diese Elemente wesentlich genauer und wirkungsvoller als Wörter. Deshalb sollten Sie die Tipps von oben möglichst gut in die Tat umsetzen. Sie sind ein Meilenstein auf dem Weg zu Ihrem Verhandlungspartner.

Es trägt viel zum Verständnis bei, wenn sich Gesprächspartner körpersprachlich *einander anpassen*. Meist geschieht das unbewusst. Beobachten Sie doch einmal Paare oder andere Menschen, die in einem Gespräch sind. Wie oft sind ihre Haltungen, Bewegungen und der Sprechrhythmus einander angeglichen?

Symmetrie erreichen

Diese *Symmetrie in der Körpersprache* können Sie auch für Ihr Verhalten in Verhandlungen nutzen. Gehen Sie dabei so vor:

- Schritt 1: Achten Sie auf die Bewegungen und Haltungen Ihres Gegenübers.
- Schritt 2: Passen Sie nun Ihre eigene Haltung und Ihr Verhalten dem seinen ein wenig an, ohne dass Sie es komplett kopieren. Als besonders wirksam hat sich eine gleichlaufende Atmung erwiesen. Hüten Sie sich aber vor einem bloßen Nachäffen, das dem anderen unangenehm auffallen könnte!
- Schritt 3: Wenn Sie so weit ein »körperprachliches Verständnis« hergestellt haben, eröffnet sich Ihnen sogar die Chance, auf den anderen einzuwirken. Werden Sie z. B. ruhiger in Ihren Bewegungen oder mit Ihrer Stimme, wenn er hektisch oder erregt ist. Sie merken sehr schnell, ob er darauf anspricht oder nicht. Falls nein, kehren Sie zurück zur übereinstimmenden Körpersprache. Falls ja, haben Sie eine hilfreiche Methode, um z. B. eine Konfliktsituation zu entzerren oder um Offenheit für Ihr Anliegen zu erzeugen.

Seien Sie aufmerksam: Welche Kontaktbrücken sind besonders wirkungsvoll?

Darüber hinaus gibt es eine ganze Reihe von *Kontaktbrücken*, die Ihnen den Zugang zum Verhandlungspartner erleichtern können. Ihr Einsatz ergibt sich zum einen aus Ihren Möglichkeiten und zum anderen aus der Situation. Wählen Sie für jede Verhandlung entsprechende Brückenelemente aus und zeigen Sie sich flexibel, wenn das eine oder andere einmal nicht funktioniert. Haben Sie immer *Alternativen* parat und trainieren Sie sie im privaten Bereich.

Möglichkeiten, Kontakt herzustellen

CHECKLISTE

Kontaktbrücken

- Lächeln Sie.
- Halten Sie den Augenkontakt aufrecht.
- Schütteln Sie die Hand Ihres Verhandlungspartners.
- Sprechen Sie Ihren Verhandlungspartner mit seinem Namen an.
- Entdecken Sie Gemeinsamkeiten und bauen Sie darauf auf.
- Achten Sie auf Ihren »ersten Eindruck«.
- Sorgen Sie für ein ansprechendes Erscheinungsbild.
- Verwenden Sie echte und überzeugende Komplimente.
- Strahlen Sie Positivität aus.
- Verwenden Sie Gesprächsaufhänger aus dem privaten Bereich, wenn Sie etwas darüber wissen (Urlaub, Hobbys, Familie).
- Knüpfen Sie an vorherige Gespräche an.
- Beachten Sie die Distanzzone und übertreten Sie sie nicht (auf Körpersignale achten).
- Verweisen Sie auf Referenzen bzw. gemeinsame Bekannte.
- Hüten Sie sich vor Ironie und übertriebenem Humor.
- Verwenden Sie die üblichen Höflichkeitsrituale.
- Lassen Sie Ihren Verhandlungspartner nicht warten.

Wie gut kennen Sie den anderen?

EXPERTENTIPP

Je mehr Sie über Ihren Verhandlungspartner wissen, desto leichter tun Sie sich auch bei der Kontaktaufnahme.

AKTIONSPLAN

Ihre Kommunikationsfähigkeit

So erhöhen Sie Ihre kommunikative Kompetenz für Verhandlungssituationen

Im Folgenden sind die Kernprobleme auf den Punkt gebracht. Entscheiden Sie, wo Sie aktiv werden müssen, und setzen Sie die vorgeschlagenen Maßnahmen um.

1. Über Ihr Verhalten in Gesprächen haben Sie sich bisher noch wenig Gedanken gemacht.

   Ist das so?

   ☐ Nein.

   ☐ Ja, denn ich:

____

____

Vorschläge zur Lösung des Problems:

Siehe dazu:

- ▶ Betrachten Sie die Konfliktquellen in der Kommunikation. ▶ Seite 32 – 33
- ▶ Durchleuchten Sie Ihr eigenes Gesprächsverhalten gründlich. ▶ Seite 33 – 38
- ▶ Prüfen Sie, welche Spracheigenheiten Sie pflegen und worauf Sie bei der Sprache Wert legen sollten. ▶ Seite 42 – 44

Beginn der Maßnahmen: ab sofort

Erfolgskontrolle: nach 3 Wochen

Ergebnis: ____

Mögliche Maßnahmen bei anfänglichem Misserfolg:

- Entwerfen Sie eine Kurzansprache oder einen anderen Redebeitrag. Nehmen Sie ihn auf Kassette oder Tonband auf und analysieren Sie Ihre Sprache. Auffälligkeiten, die stören, sollten Sie beginnen abzustellen.
- Wenn Sie diesen Redebeitrag auf Video aufzeichnen, können Sie zusätzlich Ihr Verhalten und Ihre Körperhaltung prüfen. Die Punkte, mit denen Sie unzufrieden sind, sollten Sie zu ändern beginnen.
- Bitten Sie den Partner oder Freunde um ehrliche Aussagen zu Ihrem Redeverhalten.

2. Fragen, zuhören und Körpersprache sind die wichtigsten Elemente der Kommunikation. Leider haben Sie sich damit bisher zu wenig befasst.

Trifft das Ihre Situation?

Nein.

Ja, denn mein Gesprächsverhalten war bisher so:

____

____

Vorschläge zur Lösung des Problems:

Seite 44 – 49
- Lernen Sie die Wirkungen und Einsatzmöglichkeiten von Fragen kennen.

Seite 49 – 51
- Entdecken Sie den Unterschied zwischen Hinhören und Zuhören. Werden Sie dabei aufmerksamer für das, was der andere sagt und meint, für seine Gefühle und Bedürfnisse.

- Befassen Sie sich eingehender mit der Körpersprache, ihren Möglichkeiten und Grenzen.

▶Seite 51 – 60

Beginn der Maßnahmen: ab sofort

Erfolgskontrolle: nach 4 Wochen

Ergebnis: ________________________________

Mögliche Maßnahmen bei anfänglichem Misserfolg:

- Besuchen Sie ein Seminar zur Gesprächsführung oder ein Kommunikationstraining. Gut ist es, wenn dort mit Videoanalyse gearbeitet wird. Das verschafft Ihnen ein anschauliches Feedback.
- Trainieren Sie Fragetechniken auch im privaten Bereich.
- Hören Sie privat aktiver zu. Lassen Sie den anderen aussprechen, gehen Sie auf seine Aussagen ein und geben Sie nicht gleich »Ihren eigenen Senf« dazu.
- Stellen Sie am Fernseher den Ton ab und sehen Sie sich z. B. Talkshows an. Beachten Sie die Körpersignale und -haltungen. Versuchen Sie auf diese Weise mehr Verständnis für die Ausdrucksweisen des Körpers zu entwickeln.

Wenn Sie diese Probleme erfolgreich bewältigt haben, können Sie entweder direkt zu Kapitel 3 übergehen oder Sie blättern zurück zur »Situationsanalyse« und beschäftigen sich dort mit Punkt 3.

3 Strategisches Verhalten beginnt vor dem Verhandeln

Ziel des Kapitels: Sie lernen, sich gut vorzubereiten und auch gegen Einwände gewappnet zu sein

Eine Verhandlung muss vorbereitet werden, denn nur so können die richtigen Strategien ausgewählt und eingesetzt werden. Beschaffen Sie sich darum Informationen, lernen Sie sich und Ihren Verhandlungspartner kennen. Erst wenn Sie Ihre Hausaufgaben gemacht haben, wird Ihnen Ihr Handlungsspielraum bewusst.

Zu einer guten Planung gehört aber auch, sich mit den eigenen Argumenten zu befassen. Damit wollen Sie den anderen schließlich überzeugen. Wenn Sie sich richtig vorbereiten, sind Sie auch gewappnet gegen Einwände. Und wenn Sie auch noch die äußeren Bedingungen positiv gestalten können, haben Sie eine Erfolg versprechende strategische Grundlage.

Auch wenn das Ergebnis von Verhandlungen nie vorhersagbar ist, heißt das nicht, dass Sie sich nicht darauf vorbereiten sollten. Ganz im Gegenteil: Eine gute Vorbereitung hilft, die Unwägbarkeiten in Grenzen zu halten. Checken Sie Ihre eigene Position genau: Sie sollten wissen, was Sie wollen und können, was Sie antreibt, wo Ihre Grenzen sind usw. Zugleich sollten Sie aber auch versuchen, den Verhandlungspartner einzuschätzen, seine Ziele, Bedürfnisse und Einschränkungen.

Sammeln Sie Informationen

Überhaupt sollten Sie so viele *Informationen* wie möglich sammeln. Vorgeschichte, bisherige Beziehungen, Umfeldbedingungen und vieles mehr spielen in eine Verhandlung hinein. Erst mit diesem kompakten Wissen können Sie sowohl die richtige Strategie ableiten als auch die Verhandlung situations- und partnergerecht führen.

3.1 Unerlässliche Vorarbeiten

Es gibt eine ganze Reihe von Verhandlungsführern, die ohne große Vorbereitung in ein Gespräch gehen. Sie verlassen sich auf ihr Gespür und darauf, dass ihre Methode zum Erfolg führt. Oft haben sie eine überzogene Meinung von ihrer Macht.

Die falsche Strategie

Nicht selten sind solche Verhandlungsführer von der Vorstellung geleitet, dass es die beste Strategie ist, den anderen »über den Tisch zu ziehen«. Wenn sie ehrlich genug sind, dann werden diese »Einweg-Verhandler« aber zugeben müssen, dass sie in etlichen Verhandlungen gescheitert sind. Und besonders in konfliktreichen Verhandlungssituationen werden sie kaum jemals eine befriedigende Lösung erzielt haben.

Allgemein ist ein strategisches Vorgehen erfolgreicher, bei dem neben der eigenen Position auch die des Verhandlungspartners geklärt wird. Das ist natürlich meist schwieriger als sich über die eigenen Ziele und Bedürfnisse klar zu werden. Deshalb sollten Sie vorher so viele Informationen wie möglich sammeln.

CHECKLISTE

Informationen über Ihren Verhandlungspartner

- Seine möglichen Ziele
- Seine Interessen
- Die Bedürfnisse, die ihn leiten
- Das Unternehmen, das er vertritt
- Entwicklungen und Absichten des Unternehmens
- Der strukturelle und organisatorische Aufbau
- Seine möglichen Alternativen bei der Verhandlung
- Sein Verhandlungsstil
- Seine Entscheidungskompetenz
- Seine wahrscheinliche Strategie

Verlassen Sie sich nicht auf vage Vermutungen

Genaue Informationen gewinnen

EXPERTENTIPP

Die Recherchen vor der Verhandlung werden Ihnen stets Hinweise auf die Position Ihres Verhandlungspartners liefern. Je mehr Informationen Sie sammeln, desto sicherer werden Ihre Annahmen werden.

Trotzdem sollten Sie Ihre Ausgangsannahmen durch Informationen während der Verhandlung ergänzen und notfalls auch revidieren. Fragen Sie gezielt und hören Sie zu, beachten Sie die Körpersprache. Die Basis Ihrer Verhandlungsführung wird dadurch ungeheuer gestärkt.

Situationsanalyse und Informationsbeschaffung

Befassen Sie sich vor jeder Verhandlung mit den Themen, Problemen und Voraussetzungen, die für die Verhandlung relevant sind. Je nach Inhalt und Partner können dazu gehören:

Was Sie im Vorfeld tun sollten

- Lernen Sie den Vorgang genau kennen.
- Benutzen Sie Akten und andere schriftliche Unterlagen.
- Sichten Sie Unterlagen.
- Sehen Sie sich die näheren Umstände an.
- Notieren Sie Frage- und Problemstellungen.
- Fassen Sie die Themen für sich zusammen.
- Sammeln Sie Details zu Ihrem Verhandlungsgegenstand.
- Tragen Sie alle Erfahrungen mit Ihrem Verhandlungspartner zusammen.
- Versuchen Sie Informationen über Ihren Verhandlungspartner zu erhalten.
- Informieren Sie sich über das Unternehmen, mit dem Sie es zu tun haben.
- Beschaffen Sie sich Broschüren, Info-Material und Daten.
- Recherchieren Sie bei Industrie- und Handelskammern, Handwerkskammern, Berufsverbänden usw..

Das Umfeld

- Durchleuchten Sie das Umfeld (Lieferanten, Kunden usw.).

- Bedenken Sie sonstige mögliche Einflussfaktoren.
- Durchforsten Sie die bisherigen Kontakte.

Reaktionsempfehlung

Diese Aufzählung ist bestimmt nicht vollständig und vor allem nicht auf jede Verhandlungssituation anwendbar. Aber Sie sollten doch den Eindruck mitnehmen, dass Sie sich bei der Vorbereitung möglichst genau mit der *Situation* auseinander setzen sollten. Außerdem ist es wichtig, dass Sie sich eine *solide Informationsbasis* zulegen.

Setzen Sie sich mit der Situation auseinander

Erstellen Sie sich für Ihre nächste Verhandlung eine Checkliste, wie Sie sie unten sehen. Analysieren Sie die Situation und beschaffen Sie sich Informationen.

Diese Informationen …	sind nötig	Maßnahmen zur Beschaffung
eigenes Unternehmen		
anderes Unternehmen		
bisherige Kontakte		
Verhandlungspartner		

Diese Informationen …	sind nötig	Maßnahmen zur Beschaffung
Ausgangslage		
Problemstellung		

Vermeiden Sie Fehleinschätzungen

Bewertungen sind immer subjektiv

EXPERTENTIPP

Wenn wir Bewertungen vornehmen, geschieht das in den wenigsten Fällen auf rein objektiver Basis. Ob wir wollen oder nicht – es fließen subjektive Elemente mit hinein. Das sollten wir uns stets bewusst machen.

Eine bedeutende Quelle für falsch verlaufende Verhandlungen ist, dass Informationen falsch eingeschätzt und bewertet werden, denn die zugrunde liegenden Prinzipien werden selten hinterfragt. Doch gerade das ist immer wieder notwendig, um nicht falschen Beurteilungen oder Vorurteilen aufzusitzen.

Wie gehen Sie eigentlich an Situationen und Personen heran? Zählt für Sie der erste Eindruck, gewinnen Sie aus Vorinformationen schon ein genaues Bild oder überprüfen Sie sich ständig?

Sie sollten die wichtigsten *Fehlerquellen* kennen und möglichst vermeiden:

Quellen für Fehleinschätzungen

- **Der »Erste-Eindruck-Effekt«**
  In unserem subjektiven Erleben und Einschätzen spielt er eine große Rolle, ohne dass wir uns dessen oft bewusst sind. Wir gewinnen von einem Menschen oder einer Situation ein erstes Bild und dieses Bild bestimmt dann das weitere Vorgehen. Meistens beruht der erste Eindruck allerdings auf emotionalen und auch irrationalen Elementen.

- **Ein zu enger Blickwinkel**
  Bei Verhandlungen kann es passieren, dass wir uns zu stark auf einen Aspekt des Vorgangs konzentrieren. Wir sehen z. B. nur die andere Person – lassen die Situation, das Problem, die Bedingungen usw. aber ganz außer Acht.

- **Der »Heiligenschein-Effekt«**
  Aus einem vertraut wirkenden Merkmal unseres Gegenübers leiten wir eine vollständige positive Einschätzung ab. Da ist vielleicht der Eifer, mit dem unser Verhandlungspartner seine Karriere vorangetrieben hat. Und der erinnert an unseren eigenen Fleiß, sodass wir ihn zu einem »Bruder« machen. Wir idealisieren ihn und werden quasi blind für alle schwierigen oder negativen Aspekte.

- **Der »Personalisierungseffekt«**
  Weil sich unser Gegenüber in einer früheren Situation auf eine bestimmte Weise verhalten hat, schließen wir gleich auf einen stabilen Persönlichkeitszug. Weil etwa der Kunde das letzte Mal keine Einwände hatte, halten wir ihn überhaupt für unkritisch und erwarten auch diesmal keine Einwände.

Machen Sie sich diese Einflussmöglichkeiten bewusst

- **Der »Anker-Effekt«**
  An unserem Verhandlungspartner erinnert uns etwas an eine andere Person. Das kann die Stimme, das Gesicht oder sonst etwas

Typische Fehler bei der Einschätzung der Situation

sein. Aufgrund dieser Ähnlichkeit in einem Punkt machen wir in unserer Einschätzung eine komplette Identität daraus. Wir übertragen Eigenschaften, Merkmale und unsere emotionale Einstellung von der anderen Person auf unseren Gesprächspartner.

- **Der »Primacy-Effekt«**
  Die zuerst erhaltenen Informationen wiegen bei der Bewertung des Gesamten stärker. Haben Sie z. B. über eine Person zuerst positive Aussagen gehört und nachher erhalten Sie noch einige negative, dann wirken die positiven stärker und Ihr Bild wird sich dementsprechend zusammensetzen.

- **Der »Last-Effekt«**
  Dabei handelt es sich um das genaue Gegenteil des »Primacy-Effekts«. Liegt nämlich zwischen dem Erhalt der positiven und der negativen Informationen ein längerer Zeitraum, dann kehrt sich das Ganze um und die negativen Elemente bleiben im Bewusstsein halten: Sie konstruieren ein schlechtes Bild von Ihrem Gegenüber.

- **Die »Generalisierungstendenz«**
  Dabei wird der andere durchgängig positiv oder negativ bewertet, weil von einem Merkmal auf die gesamte Person geschlossen wird. Sie kennen diesen Vorgang von vielen *Stereotypisierungen*, die sich entwickelt haben (hilfsbereit = sozial; blond = dumm; dick = träge usw.). Aber auch unser Gefühl verleitet uns gerne dazu. Wenn wir jemanden sympathisch oder unsympathisch finden, neigen wir dazu, das Positive oder das Negative, was wir an ihm sehen, zu generalisieren.

- **Die »Schwarz-Weiß-Haltung«**
  Andere Menschen werden dabei in zwei extreme Kategorien eingeordnet. Es gibt nur »schlecht« oder »gut«, eine Differenzierung ist nicht vorhanden. Heraus kommt ein Verhalten, bei dem zwischen Extrempolen hin- und hergependelt wird und bei dem die anderen Menschen (oder auch die Situationen) ungeachtet der vielgestaltigen Realität einfach in eines dieser beiden Schubfächer gezwängt werden.

Vermeiden Sie Schubladendenken!

- **Der »Durchschnittsfehler«**
  Er ähnelt der »Schwarz-Weiß-Haltung«. Allerdings überwiegt hier die Tendenz, andere nur im Durchschnittsbereich einzuordnen. Es entsteht ein »Weichheitseffekt«, bei dem es positiv und negativ nicht gibt. Eine Bewertungsgrundlage für Unterschiede bei Menschen oder Situationen entsteht so kaum.

Unterschiede verschwimmen

- **Der »Projektionsfehler«**
  Dabei verlagern wir unsere Befindlichkeit – meist unbewusst – auf den anderen. Das können Wünsche, Schuldgefühle oder Fehler sein.
- **Der »Eine-Welt-Glaube«**
  Hierzu zählt die Einschätzung, dass wir glauben, alle anderen müssten die Welt so sehen, wie wir. Daraus folgt die Annahme, dass deshalb alle anderen auch zu denselben Beurteilungen und Schlüssen gelangen müssen wie wir. Geschieht das nicht, so sehen wir im anderen jemanden, der »blind« ist. Die Folge ist häufig eine konfliktreiche Auseinandersetzung.

Reaktionsempfehlung

Gehen Sie die Liste der möglichen Fehlerquellen in Ruhe durch und überlegen Sie, zu welchen Sie neigen bzw. welche Sie schon bei sich entdeckt haben. Kreuzen Sie diese Punkte an und nehmen Sie sich für die nächsten Verhandlungen vor, darauf zu achten. Machen Sie sich ihren Einfluss bewusst und vermeiden Sie sie so gut es geht.

Interessenlagen klären

Verhandlungen haben immer einen Anlass und der sollte jedem Verhandlungsführer klar sein. Er sollte wissen, warum er diese Verhandlung zu einem bestimmten Ergebnis bringen will.

Bei den meisten Verhandlungen scheinen die Interessen sofort ersichtlich zu sein, z. B.:

Sie sind umso erfolgreicher, je klarer Ihnen die Interessenlage ist

- Hoher Gewinn (beim Verkauf)
- Niedrige Kosten (beim Kauf)

Interessen und Bedürfnisse

- Mehr Freizeit (bei Tarifgesprächen)
- Arbeitsplatzsicherheit (bei Fusionen)

Oftmals verlassen sich Verhandlungspartner darauf, dass dies tatsächlich die einzigen Punkte sind, um die es geht. Spätestens nach der Verhandlung wird allerdings deutlich, dass da noch andere Aspekte hineingespielt haben. Neben allen anderen Faktoren, die wir bereits angesprochen haben, geht es dabei auch (manchmal ganz besonders) um die *Interessen und Bedürfnisse* beider Seiten. Und die sind nicht immer offensichtlich.

Verhandlungssituationen gleichen darin einem Eisberg, von dem nur ein Siebtel sichtbar ist. Die anderen sechs Siebtel liegen unter der Oberfläche und müssen erschlossen werden. Hinter den offensichtlichen Absichten verbergen sich eine Menge weiterer Interessen und Bedürfnisse.

Bei einer Verkaufsverhandlung zwischen A (offensichtliches Interesse: hoher Gewinn) und B (offensichtliches Interesse: niedrige Kosten) könnten z. B. folgende Punkte eine Rolle spielen:

»Versteckte« Interessen

Das kommt in der Verhandlung auch zum Tragen	**Bei Verhandlungspartner A**	**Bei Verhandlungspartner B**
persönliche Interessen und Bedürfnisse	▶ Selbstbestätigung ▶ Provision ▶ Karriereschritt ▶ Arbeitsplatz sichern	▶ Harmonie ▶ Freundlichkeit ▶ Ehrlichkeit ▶ gutes Gesprächsklima
Interessen des Unternehmens	▶ Ausweitung des Kundenstammes ▶ zufriedene Kunden ▶ gute Beziehungen zu den Kunden	▶ günstige Lieferbedingungen ▶ Service vor Ort ▶ Einhaltung der Unternehmensrichtlinien

Das kommt in der Verhandlung auch zum Tragen	Bei Verhandlungspartner A	Bei Verhandlungspartner B
Interessen des Umfeldes	▶ Die Ehefrau hofft auf Urlaub durch hohe Provision. ▶ Sein Sportverein erwartet einen schnellen Abschluss, damit er zum Wettkampf kommen kann.	▶ Die Lebenspartnerin will, dass er sich nicht stressen lässt. ▶ Die eigenen Kunden erwarten hohe Produktqualität.

Erfolgreiches Verhandeln setzt voraus, dass Sie sich mit den Faktoren befassen, die unterschwellig den Verhandlungsgegenstand und das Verhalten mitbestimmen. Klären Sie, was hinter dem eigentlichen Verhandlungsziel steckt. Stellen Sie sich die Frage, warum Sie (bzw. Ihr Verhandlungspartner) dieses Ziel erreichen wollen. Je klarer Sie sich darüber sind, desto besser können Sie verhandeln.

Was schwingt noch mit?

ÜBUNG

Mögliche Interessen

Erstellen Sie für Ihre nächste Verhandlung eine möglichst detaillierte Liste aller Interessen, die eine Rolle spielen.

Das kommt in der Verhandlung auch zum Tragen	Bei Ihnen	Bei Ihrem Verhandlungspartner
persönliche Interessen und Bedürfnisse	____________________ ____________________	____________________ ____________________

Das kommt in der Verhandlung auch zum Tragen	Bei Ihnen	Bei Ihrem Verhandlungspartner
Interessen des Unternehmens	____________ ____________	____________ ____________
Interessen des Umfeldes	____________ ____________	____________ ____________

Reaktionsempfehlung

Eine Hilfestellung sind diese drei Fragen:

- *Warum will ich (bzw. der Verhandlungspartner) dieses Ziel erreichen?*
- *Was passiert alles, wenn ich (bzw. der Verhandlungspartner) dieses Ziel erreiche?*
- *Was passiert alles, wenn ich (bzw. der Verhandlungspartner) dieses Ziel nicht erreiche?*

Ziele und Verhandlungsspielraum ableiten

WISSENSWERT

Ein alter Spruch besagt:
Nur wer ein Ziel hat, kennt die Richtung.

Einfache Ziele

Zu einer wirksamen Vorbereitung gehört es, das Ziel für die Verhandlung zu kennen. Manchmal scheint das relativ einfach zu sein: Sie wollen mit möglichst viel Gewinn verkaufen, die Rohmaterialien zu einem geringen Preis beziehen oder auch den bestmöglichen Service bekommen.

CHECKLISTE

So sollte Ihr Ziel sein

- Positiv formuliert
- Klar beschrieben
- Realistisch
- Erreichbar
- Messbar
- Schriftlich fixiert
- Motivierend

Wie Sie oben gesehen haben, spielen verschiedene Interessen in eine Verhandlung mit hinein. Es ist durchaus denkbar, dass Sie in eine Verkaufssituation gehen, aber dort nicht das oberste oder einzige Ziel haben, möglichst viel Gewinn herauszuholen, sondern möglichst zufriedene Kunden zu haben oder den Kundenstamm auszubauen.

Entscheidend ist, was Sie wirklich wollen

Deshalb steht am Anfang die Frage: *Was will ich in der Verhandlung erreichen?* Klären Sie diese Frage auf der Basis aller Informationen, die Sie zusammengetragen haben.

Reaktionsempfehlung

Es kann vorkommen, dass Sie zunächst mehrere Ziele ausmachen. So können Sie sich Klarheit über ihre Wertigkeit verschaffen: Schreiben Sie alle möglichen Ziele auf und bringen Sie sie in eine *Rangfolge*.

Zu einer solchen Rangfolge können Sie auf zwei Wegen kommen:

- Vergeben Sie Rangpunkte entsprechend der Zahl Ihrer Ziele: Bei acht Zielen erhält das wichtigste acht Punkte, das zweitwichtigste sieben usw.
- Ermitteln Sie die Reihenfolge in Paarvergleichen. Bei acht Zielen vergleichen Sie zuerst die Ziele 1 und 2. Das wichtigere vergleichen Sie jetzt mit Ziel 3. Den »Sieger« hieraus vergleichen Sie mit Ziel 4 usw. Am Schluss bleibt ein Ziel als wichtigstes übrig. So können Sie auch die weitere Reihenfolge Ihrer Ziele ermitteln.

Für eine erfolgreiche Verhandlung müssen Sie wissen, was Sie wollen

Den Verhandlungsspielraum bestimmen

Übrigens können Sie die Rangfolge sowohl nach dem Kriterium »wichtig« als auch nach dem Kriterium »dringend« durchführen. Das ergibt sich aus der *Verhandlungssituation*.

Erst wenn Sie die bisher beschriebenen Vorarbeiten geleistet haben, können Sie darangehen, Ihren *Verhandlungsspielraum* auszuloten. Darunter versteht man den Bereich, der zwischen dem mindestens zu erreichenden Ergebnis und dem maximalen liegt. Nur so können Sie später Strategien einsetzen, um einen Abschluss in diesem Bereich zu erzielen.

Für den Verhandlungsspielraum sind *drei markante Punkte* ausschlaggebend:

- **Der Maximalpunkt**
  Er markiert die obere Grenze Ihres Verhandlungsbereiches. Ist Ihr Ziel ein hoher Gewinn bei der Verkaufsverhandlung, dann müssen Sie diesen Oberpunkt auch zahlenmäßig formulieren. Denn ein Ziel muss und soll messbar sein. Da es aber auch realistisch und erreichbar sein soll, dürfen Sie sich hierbei nicht versteigen. In der Regel handelt es sich um das Angebot, mit dem Sie in die Verhandlung einsteigen.

- **Der realistische Punkt**
  Damit wird das Ergebnis ausgedrückt, mit dem Sie zufrieden sein können und das auch die Position des anderen berücksichtigt. Bis hierher haben beide Seiten gewisse Zugeständnisse gemacht, sind aufeinander zugegangen. Sie erhalten diesen Punkt, wenn Sie das eigene Ziel mit dem Ihres Verhandlungspartners vergleichen und abschätzen, wo eine Einigung für beide Seiten möglich ist.

Wann Sie nicht weiter verhandeln sollten

- **Der Abbruchpunkt**
  Ist dieser Punkt erreicht, sollten Sie nicht weiter verhandeln. Hier ist das Ende aller möglichen Zugeständnisse erreicht und jeder Abschluss darunter würde Sie zum Verlierer machen. Das kann z. B. der niedrigste Preis sein, den Sie akzeptieren können, oder die geringste Qualitätsstufe, die das Produkt haben muss. Sie sollten immer eine solche Untergrenze festlegen, damit Sie genau wissen, wann Sie aufhören müssen.

EXPERTENTIPP

Sie sollten Ihren Verhandlungsspielraum vorher genau festlegen und die einzelnen Positionen außerdem schriftlich festhalten.

Bleiben Sie dabei realistisch. Denn ein Oberziel, das nie erfüllt werden wird, ist genauso wenig hilfreich wie eine Untergrenze, bei der Sie nicht in die Gefahr geraten, abbrechen zu müssen. Haben Sie dazu den Mut.

Bleiben Sie realistisch!

3.2 Argumente strategisch vorbereiten

Sie sind jetzt schon recht gut für die Verhandlung gerüstet. Allerdings sollten Sie Ihre Vorbereitung um ein paar wichtige Details ergänzen. Sie haben eine Vielzahl an Informationen gesammelt und Sie wissen, um was es Ihnen und dem Verhandlungspartner geht.

Jetzt können Sie darangehen, sich eine *Strategie für Ihre Argumente* zurechtzulegen. Bedenken Sie dabei, dass es darum geht, den Verhandlungspartner zu überzeugen, und dass Sie dazu keine Überredungskunst brauchen! Was Ihnen mehr hilft, sind Argumente, die auf Ihren Gesprächspartner zugeschnitten sind. Außerdem sollten Sie eine Atmosphäre geschaffen haben, in der Aufgeschlossenheit und Meinungswechsel möglich sind.

Was es für Argumente gibt

Neben allen anderen Qualifikationen sind es vor allem die Argumente, die in Verhandlungen für ein positives Ergebnis sorgen. Argumente sind begründende bzw. bestätigende Aussagen, die eine Meinung, Ansicht oder Behauptung stützen sollen.

Machen Sie sich klar, was richtiges Argumentieren bedeutet

Was zu einem guten Argument gehört

Ein Argument besteht aus zwei *Bausteinen:*

- Standpunkt *(Diese Software wird Ihren Produktionsprozess beschleunigen …)*
- Begründung *(… denn sie regelt nicht nur den Ablauf, sondern führt die Qualitätskontrolle automatisch mit durch.)*

Argumente haben es dann schwer, beim anderen anzukommen, wenn sie nicht stimmig sind. Das passiert, wenn

- eine (oder mehrere) Begründung(en) falsch oder nicht akzeptabel sind, z. B.: *Diese Software ersetzt mindestens zwei Mann, weil sie sich selbst bedient.*
- Begründungen in einen falschen Zusammenhang gebracht werden z. B.: *Boris Becker ist Schwede, denn alle Schweden haben rotblonde Haare wie Boris Becker.*
- die Behauptung offensichtlich falsch ist z. B.: *Mit dieser Software werden Sie das Monopol in Ihrem Produktionssektor erreichen …*

Für Ihre Verhandlungspraxis sollten Sie dafür sorgen, dass Ihre Argumente besonders stark und überzeugend sind. Das ist erreicht, wenn die Begründung die Behauptung vollständig stützt – heute wird das auch »Full-Power-Argument« genannt; früher kannte man es unter dem Stichwort »logischer Beweis«.

Das »Full-Power-Argument«

Wahre Begründungen führen unweigerlich zu Ihrem Standpunkt und niemand kann sich dieser Schlussfolgerung entziehen. Sind Ihre Begründungen wahr, trifft auch Ihre Behauptung die Wirklichkeit *(Der Umsatz betrug im letzten Jahr 100 Millionen DM, während die Kosten bei 120 Millionen lagen. Wir haben Verlust gemacht.).*

Sind Ihre Argumente weniger stark, besitzen aber eine hohe Wahrscheinlichkeit, so haben wir es mit »High-Power-Argumenten« zu tun. Oftmals beruhen sie auf *Erfahrungen (Im Winter steigt die Arbeitslosenzahl bestimmt wieder an, weil das jedes Jahr passiert.).*

Stützen die Begründungen Ihre Aussage nur schwach, so benutzen Sie gerade ein »Low-Power-Argument«. Meistens handelt es sich dabei um eine *plausible Annahme (Wir werden den Zuwachs auch dieses Jahr leicht erhöhen können, wie sich das bereits in den letzten beiden Jahren abgezeichnet hat.).*

Schwach: die plausible Annahme

Wirkungslose Argumente

Von »No-Power-Argumenten« spricht man, wenn die Begründung die Behauptung kaum oder gar nicht stützen oder bestätigen kann *(Die Gewinnspanne wird deutlich zunehmen. Schließlich hat unser Herr Schnor ein Näschen dafür.).*

Argumente finden

Wenn Sie allerdings erst in der Verhandlung anfangen, mögliche Argumente zu suchen, kann es zu spät sein. Die Suche nach Argumenten sollte – wenn es möglich ist – schon vorher erledigt werden.

Dazu brauchen Sie lediglich etwas Zeit und alle Informationen, die Sie gesammelt haben. Dann machen Sie sich eine *Liste* und schreiben erst einmal alle Argumente auf, die Ihnen einfallen. Die zentrale Frage dabei ist: *Womit kann ich meinen Verhandlungspartner überzeugen?*

Was überzeugt?

FALLBEISPIEL

Kurt Hoch ist Entwicklungschef eines Maschinenbauunternehmens. Seine Abteilung hat eine neue Anlage zur Eisenformung entwickelt. Sie soll unbedingt serienreif werden. Heute soll er sie deshalb der Geschäftsführung und den einzelnen Abteilungsleitern präsentieren. Mit der Annahme hängt unter anderem auch zusammen, welches Budget sein Bereich in Zukunft zur Verfügung haben wird.

Er bereitet sich vor und listet Argumente auf:

- Mehr Produktivität
- Geringerer Materialeinsatz
- Verwendung umweltschonender Rohstoffe
- Leichter Transport
- Einfach zu reparieren
- Modulbauweise
- Ist mit alten Anlagen kompatibel
- Herstellung erfordert keine zusätzlichen Räumlichkeiten
- Geringer Personalbedarf
- Leichte Bedienung

Lesen Sie zum Thema: Andreas Edmüller und Thomas Wilhelm: Argumentieren. Sicher – treffend – überzeugend

Wann Sie welches Argument einsetzen sollten

Besonders effektiv ist für die Argumentationsfindung die Technik des *Brainstormings*. Dabei schreiben Sie alle Argumente auf, die Ihnen in den Sinn kommen – egal ob es sich um gute oder schlechte, realistische oder verrückte handelt. Erst wenn Sie das Sammeln abgeschlossen haben, beginnt der Auswahlprozess.

Herr Hoch hat eine stattliche Liste überzeugender Argumente zusammengetragen. Allerdings sollte er nicht den Fehler begehen, im Gespräch alle nacheinander abzuklappern. Zum einen werden die anderen gar nicht die Aufnahmekapazität für so viele Argumente mitbringen, zum anderen erzeugen zu viele Argumente schnell eine ablehnende Haltung. Außerdem ist es bei Verhandlungen wichtig, welche Argumente man wann einsetzt.

Werden Sie sich deshalb schon vor der Verhandlung klar darüber, welche Argumente besonders zugkräftig sind und Sie Ihrem Ziel näher bringen. Sieben Sie also diejenigen aus, die nichts sagend oder unglaubwürdig sind. Die übrigen bringen Sie in eine Rangordnung (wie Sie es bei den Zielen bereits kennen gelernt haben, Seite 77).

Am Ende sollten Sie eine Aufstellung Ihrer Argumente haben, die mit dem stärksten beginnt und mit dem schwächsten endet. Das hat übrigens den *Nebeneffekt*, dass Sie sich intensiv mit dem Vorgang, der Vorgeschichte, den Zusammenhängen, Ihrem Gegenüber und sonstigen Elementen des Verhandlungsgegenstandes auseinander setzen.

Auch wenn Sie später nicht alle Argumente einsetzen, sollten Sie die restlichen nicht wegwerfen. Manchmal muss eines nachgeschoben werden oder Ihr Verhandlungspartner bringt einen Einwand, auf den eines der Argumente passt (siehe dazu die Seiten 86 – 93).

Das stärkste Argument an den Schluss!

EXPERTENTIPP

Nie das stärkste Argument am Anfang einsetzen! Beginnen Sie mit dem zweitbesten, lassen Sie andere folgen und schließen Sie Ihre Argumentation mit dem stärksten ab. Erfahrungen vieler Verhandlungsführer belegen, dass eine solche *Spannungsstrategie* die größten Erfolge bringt.

Außerdem fahren Sie beim Argumentieren gut, wenn Sie die folgenden *Regeln* beachten:

Argumentationsregeln

- Die Reihenfolge Ihrer Argumente sollte schon vor der Verhandlung festgelegt sein.
- Bringen Sie nicht zu viele Argumente (drei bis fünf reichen meistens aus).
- Konzentrieren Sie sich auf starke Argumente.
- Argumentieren Sie aus der Sicht des Verhandlungspartners.
- Argumente sollen positiv klingen.
- Verschleudern Sie Ihre guten Argumente nicht.
- Argumentieren Sie mit Überzeugung.
- Wiederholen Sie wichtige Argumente.

Vorteile statt Vorzügen vermitteln

Ihre Argumente haben dann eine besonders große Chance auf Annahme, wenn Sie sie auf Ihren Verhandlungspartner und seine Bedürfnisse und Interessen abstimmen. Dazu ist es notwendig, dass Sie Ihre Aussagen in Formulierungen übersetzen, die den Gesprächspartner in den Mittelpunkt stellen. Außerdem sollten Sie Ihren Vorschlag, Ihr Angebot oder Ihre Behauptung so präsentieren, dass für Ihren Partner sofort sein eigener Vorteil und Nutzen ersichtlich ist.

FALLBEISPIEL

Frau Alexandra König steckt mitten in einer Verkaufsverhandlung mit dem Geschäftsführer einiger Supermärkte. *Herr Glores, diesen Scanner haben uns die anderen Kunden direkt aus der Hand gerissen. Sein Oversize bietet für alle Strichcodes genügend Variationsmöglichkeiten. In ihm ist ein RPO-Chip für sechsfache Reflexion verarbeitet.*

Herr Glores antwortet nur mit einem *Hmhm …*, aber er denkt insgeheim: *Und was soll das heißen? Was andere Kunden tun, ist mir doch schnuppe!*

Das passiert viel zu oft: am Kunden vorbeireden

Das Interesse des anderen im Auge behalten

In diesem Beispiel hat Frau König versucht, zugkräftige Argumente einzusetzen. Aber der Hinweis auf die Begeisterung anderer Kunden und das Aufzählen fachspezifischer Details gehen an ihrem Verhandlungspartner vorbei. Sie hätte es besser so formuliert:

Mit unserem Scanner haben Sie zu jeder Zeit den vollen Überblick über Ihre Soll-Bestände im Lager. Zugleich reduziert er die Fehler an der Kasse um 70 %.

EXPERTENTIPP

Damit Sie den Nutzen oder Vorteil für den Verhandlungspartner finden, stellen Sie die Schlüsselfrage:
Was hat er davon?

Sprechen Sie den Nutzen oder Vorteil immer an, auch wenn Sie meinen, dass er für Ihren Verhandlungspartner offensichtlich sein müsste.

Noch besser ist es, wenn Sie diesen Nutzen oder Vorteil sogar vorführen können.

Im Geschäftsleben haben wir uns leider zu sehr angewöhnt, alles aus unserer Sicht zu sehen. Die Folge ist, dass wir die Vorzüge schildern, die wir sehen, die aber eben nicht auf den Verhandlungspartner zugeschnitten sind.

Im Sinne des Gesprächspartners formulieren

Besonders deutlich können Sie aus der Sichtweise des Gesprächspartners argumentieren, wenn Sie solche Formulierungen verwenden:

- *Das erhöht Ihre …*
- *So sichern Sie sich …*
- *Damit erhalten Sie …*
- *Das verschafft Ihnen …*
- *Auf diese Weise können Sie …*
- *So erreichen Sie schneller …*
- *Dadurch haben Sie in einem Jahr …*
- *Sie gewinnen auf diese Weise …*
- *Das bringt Ihnen mehr …*

So steigern Sie die Wirkung Ihrer Argumente

Ihre Argumentationsweise sollte jedoch nicht bei den Inhalten stecken bleiben. Wichtig ist auch, *wie* Sie etwas sagen.

Das »Wie« ist wichtig

CHECKLISTE

So unterstützen Sie Ihre Argumente

- Benutzen Sie aktive Verben (*steigern, verbessern* usw.).
- Zitieren Sie Schlüsselreize (Testurteile, Berichte in Medien u. a.).
- Wiederholen Sie den besonderen Nutzen.
- Sprechen Sie anschaulich.
- Erwähnen Sie in der Argumentation mehrmals den Namen Ihres Verhandlungspartners.
- Formulieren Sie möglichst positiv.
- Sprechen Sie Gefühle an.
- Bauen Sie die Motive Ihres Verhandlungspartners ein.

Diese so genannte *Motivstrategie* ist überaus wirkungsvoll. Damit Sie die Motive und Bedürfnisse Ihres Verhandlungspartners jedoch zielgerecht umsetzen können, sollten Sie sich vorab gut informiert haben. Außerdem sollten Sie durch Fragen und aktives Zuhören herausgefunden haben, was ihn treibt, bedrückt, stört usw. Dann können Sie seine ganz spezielle Motivstruktur immer wieder gezielt ansprechen, indem Sie *Schlüsselwörter* einfließen lassen. Die folgende Tabelle zeigt Ihnen Beispiele dafür.

Motiv	**Mögliche Schlüsselwörter**
Geldvorteil	*sparen, Vorteile, Gewinn, erhöhen, steigern*
Brauchbarkeit	*Zweckmäßigkeit, helfen, verbessern, verkürzen, Zeitersparnis*

Finden Sie stets heraus, welches Motiv bei Ihren Verhandlungspartnern zieht

Motiv	Mögliche Schlüsselwörter
Schutz/Sicherheit	*verhindern, gewähren, Zuverlässigkeit, Gewähr, bewahren*
Höchstleistung	*Überlegenheit, verbessern, erhöhen, Steigerung, optimal, beste*

Reaktionsempfehlung

Wenn Sie die Tabelle ergänzen, erhalten Sie ein gutes Rezept für Ihre Argumente. Erstellen Sie einfach zu den Motiven, die in Ihren Verhandlungen häufig vorkommen, eine Liste mit Schlüsselwörtern.

3.3 An Einwände und Bedingungen denken

In Verhandlungen sollten Sie so viel wie möglich investieren, damit Sie den Erfolg besser steuern können. Schließlich hängt vom Ausgang der Verhandlungen auf Managementebene in der Regel eine Menge ab. Bereiten Sie sich deshalb auf Einwände vor, die während des Gespräches auftauchen könnten.

Die Umfeldbedingungen

Aber auch die *Atmosphäre* und sonstige Umfeldbedingungen wie Tageszeit, Ort oder Raum können Einfluss auf den Ausgang von Verhandlungen nehmen. Wenn Sie wissen, wie Sie diese zu Ihren Gunsten gestalten können, bedeutet das meist einen Vorteil.

Einwände sind kein Nein

Auch wenn es auf den ersten Blick so aussehen mag: Ein Einwand bedeutet nicht, dass der Verhandlungspartner Ihr Angebot ablehnt. Deshalb sollten Sie sich schon bei der Vorbereitung darauf einstellen, dass Einwände kommen werden.

CHECKLISTE

Was Einwände signalisieren können

- Ihr Verhandlungspartner hat sich mit Ihrer Position befasst.
- Er hat noch Fragen.
- Er hat eine andere Vorstellung.
- Er kann sich noch nicht entscheiden.
- Er ist noch nicht überzeugt.
- Ihre Argumente waren nicht auf seinen Bedarf zugeschnitten.
- Sie haben an seiner Ausgangsposition vorbei geredet.

Der Argumentationsaufbau

Betrachten Sie Einwände als gute Möglichkeit, Ihre weitere Argumentation aufzubauen. Sehen Sie sich dazu die Einwände genau an, um herauszufinden, um welche Art von Einschränkung es sich handeln könnte. Verwenden Sie *Fragetechniken* und hören Sie aktiv zu.

Wenn Ihr Verhandlungspartner z. B. bei Verkaufsverhandlungen den Preis als zu hoch ansieht, hinterfragen Sie geschickt, ob es wirklich der Preis an sich ist. Vielleicht können Sie durch Zusatzleistungen eine Einigung erzielen.

Sie können auch bei einer konfliktreichen Verhandlung über von Ihnen schlecht fabrizierte Ware durch diese Techniken herausbekommen, womit Sie den Schaden wieder gutmachen können, wenn er mit einem bloßen Austausch der Mängelprodukte nicht zufrieden ist.

EXPERTENTIPP

Einwände werden nicht immer deutlich ausgesprochen. Vergewissern Sie sich deshalb durch gezielte Fragen, worum es dem Verhandlungspartner tatsächlich geht.
Vergessen Sie auch die unausgesprochenen Einwände nicht, die Sie an der Körpersprache des anderen erkennen können!

Lernen Sie Einwände und Vorwände zu unterscheiden – durch Fragen

So bereiten Sie sich auf Einwände vor

Auf diese Weise klären Sie auch, ob es sich um einen tatsächlichen oder um einen vorgeschobenen Einwand (Vorwand) handelt. Erst wenn Ihnen der wirkliche Grund für die Ablehnung bekannt ist, sollten Sie reagieren und Ihre Argumente neu präsentieren bzw. ein anderes Angebot vorlegen.

Vergessen Sie nie, dass Sie den Einwand des anderen auf alle Fälle ernst nehmen müssen. Lassen Sie ihn aussprechen, hören Sie verständnisvoll zu und gehen Sie auf den Einwand ein.

Darauf können Sie sich einstellen

Egal ob Sie als Verkäufer Ihr Produkt an den Mann bringen wollen oder Konfliktsituationen lösen müssen – Sie können sich schon im Vorfeld mit den wichtigsten möglichen Einwänden befassen und sich Reaktionsweisen dafür zurechtlegen.

FALLBEISPIEL

Hubert Bösl ist der Inhaber einer mittelgroßen Unternehmensberatung, die sich auf die Weiterqualifizierung von Mitarbeitern in Behörden spezialisiert hat. Morgen steht die Verhandlung mit einem Landratsamt an. Der Landrat möchte seine Mitarbeiter in allen Feldern des Qualitätsmanagements so weit bringen, dass die Klienten ein rundum positives Bild der Behörde bekommen. Allerdings ist er sich noch nicht klar darüber, wie dieses Vorhaben abgewickelt werden soll.

Was zu erwarten ist

Was wird Herrn Bösl bei der Verhandlung erwarten? Helfen Sie ihm und fragen Sie sich, auf welche Einwände er in dem Gespräch gefasst sein muss und wie er darauf reagieren könnte. Versetzen Sie sich dazu in seine Position.

ÜBUNG

Wie reagieren Sie?

Geben Sie mögliche Einwände des Landrats aus dem Fallbeispiel an und versuchen Sie Reaktionsmöglichkeiten aufzuzeigen. Ein Beispiel zeigt Ihnen, wie das aussehen kann.

Mögliche Einwände voraussehen

Einwand	Mögliche Reaktion
Von Ihrer Firma habe ich bisher noch nichts gehört.	▶ *Stellt das für Sie ein Problem dar?* So findet Herr Bösl heraus, ob es wirklich um seine »Unbekanntheit« geht. ▶ Er nennt Referenzen. ▶ Er zählt erfolgreiche Projekte in Behörden auf. ▶ Er gibt seinen Jahresumsatz an. ▶ Er präsentiert Firmenunterlagen, Folder, Flyer oder Ähnliches.
____________	____________
____________	____________
____________	____________
____________	____________
____________	____________
____________	____________
____________	____________
____________	____________
____________	____________
____________	____________

Gute Vorbereitung sorgt dafür, dass Sie auch bei Einwänden souverän weiterverhandeln können

Reaktionsmöglichkeiten für konkrete Einwände

Lösungsansatz

Für eine solche Verhandlungssituation ist eine ganze Reihe von Einwänden denkbar. Sehen Sie in der folgenden Tabelle nach, ob Sie Ihre wiederfinden. Vergleichen Sie Ihr Ergebnis mit den »Musterlösungen«.

Einwand	Mögliche Reaktion
Sie sind zu teuer.	▶ *Im Vergleich zu wem?* ▶ *Ist der Preis für Sie so ausschlaggebend?* ▶ *Wie hoch wäre Ihre Preisvorstellung?* ▶ *Qualität hat ihren Preis. Und Sie wollen doch Qualität?*
An einer solchen Komplettlösung sind wir nicht interessiert.	▶ *Warum nicht?* ▶ *Wie haben Sie sich die Zusammenarbeit vorgestellt?* ▶ *Wie soll ich diese Aussage verstehen?* ▶ *Ist Qualitätssicherung bzw. -verbesserung kein Thema mehr für Sie?*
Ich muss erst mit dem Verwaltungsrat sprechen. oder *Darüber kann ich nicht entscheiden.*	▶ *Rechnen Sie mit einer Zustimmung?* ▶ *Wer trifft die endgültige Entscheidung?* ▶ *Was werden Sie ihm vorschlagen?* ▶ *Bestimmt er über alle Details?* ▶ *Gibt es noch offene Fragen?*
Es wird sehr stark um Fachfragen in den einzelnen Abteilungen gehen.	▶ *Wir haben damit unsere Erfahrungen.* ▶ *Die Grundzüge sind überall sehr ähnlich.* ▶ *Für Fachfragen haben wir unsere Spezialisten.* ▶ *Halten Sie uns dafür nicht für geeignet?*
Andere Landratsämter haben diese Aktion mit weniger Aufwand durchgezogen.	▶ *Wie waren deren Ergebnisse?* ▶ *Wo sehen Sie Einsparungsmöglichkeiten?* ▶ *Sind diese mit Ihrem Landkreis vergleichbar?*

Konkretisierungen erfragen

Einwand	Mögliche Reaktion
Ihre Sichtweise ist mir fremd.	▶ *Wie sehen Sie das?* ▶ *Was stört Sie daran am meisten?* ▶ *Wie können wir uns annähern?*
Wir haben eigentlich gar keine Zeit für so ein Vorhaben.	▶ *Wo sehen Sie die größten Hindernisse?* ▶ *Wie stellen Sie sich einen funktionierenden Ablauf vor?* ▶ *Darf ich Ihnen von Erfahrungen aus anderen Behörden erzählen?*

Reaktionsempfehlung

Erstellen Sie sich für Ihre Verhandlung eine Liste möglicher Einwände und dazu verschiedene Möglichkeiten, wie Sie darauf reagieren können. Nehmen Sie die Ergebnisse aus der Übung und die Lösungstabelle als erste Hilfestellung. Außerdem betrachten Sie dazu alle Informationen, die Sie über Ihren Verhandlungspartner, den Verhandlungsgegenstand und den eventuellen Verlauf besitzen. Wenn es bei Ihnen stets um die gleichen Verhandlungsgegenstände geht, erhalten Sie dadurch eine *Checkliste*, die Sie immer wieder verwenden können.

Eine Liste mit möglichen Einwänden erstellen

Tipps für ein positives Drumherum

In Verhandlungen sollten Sie auch darauf achten, dass einige Voraussetzungen erfüllt sind, die für ein gutes Klima sorgen.

CHECKLISTE

Das fördert die Atmosphäre für Verhandlungen

- Ruhiger Raum
- Störungen ausschalten
- Getränke anbieten

Fühlt sich Ihr Verhandlungspartner wohl, haben Sie bessere Karten

So fördern Sie die Gesprächsatmosphäre

- Genügend Zeit einplanen
- Angenehme Raumtemperatur
- Genügend Sauerstoff im Raum
- Gute Beleuchtung
- Pausen (nach ca. 90 Minuten)
- Bei längeren Verhandlungen: ein Imbiss
- Den Verhandlungspartner nicht warten lassen

Außerdem können Sie noch auf Folgendes Wert legen:

Sitzordnung

Sitzordnung = Rangordnung

Oft gibt die Platzierung der einzelnen Verhandlungsteilnehmer gleichzeitig die *Rangordnung* wieder. Am Kopfende sitzt der »Höchste«, der Nächste in der Rangfolge sitzt daneben. Wo das üblich ist, sollten Sie es beachten und einhalten.

Ansonsten variiert die Sitzordnung je nach Anzahl und Gegenstand. Ein *runder Tisch* z. B. eignet sich gut für kooperative Gespräche, während das Gegenübersitzen an einem rechteckigen Tisch eher konfrontierend wirkt.

Auf alle Fälle sollten sich alle Verhandlungsteilnehmer zu jeder Zeit sehen können.

Bei *Zweiergesprächen* sollten Sie dafür sorgen, dass Sie Ihrem Verhandlungspartner in gleicher Sitzhöhe und möglichst nicht frontal gegenübersitzen. Auch ein Schreibtisch ist ein distanzierendes Hindernis, mit dem Sie den anderen einschüchtern.

Wenn es geht, sollten sie beide auch die gleiche Art von Stuhl bekommen. Ist einer »besser« als der andere, geben Sie diesen Ihrem Verhandlungspartner.

Zeitpunkt der Verhandlung

Ihr Leistungshoch

Berücksichtigen Sie auf alle Fälle Ihr eigenes Leistungshoch. Damit Sie Aussicht auf Erfolg haben, sollten Sie zu den Zeiten verhandeln, in denen Sie besonders fit sind.

Auch bestimmte Tage empfehlen sich mehr oder auch weniger: Montag Vormittag und Freitag Nachmittag sind Termine, die bei Verhandlungsteilnehmern oft schlechte Stimmung aufkommen lassen.

Denken Sie auch an eine mögliche Anreise Ihres Verhandlungspartners. Er soll ausgeruht und frisch bei Ihnen ankommen können.

EXPERTENTIPP

Spielen Sie die Verhandlung in einer Art geistigem Rollenspiel durch. Skifahrer und andere Sportler nutzen dieses mentale Training, um sich optimal auf eine Situation einzustellen.
Sie können die Verhandlung auch mit einem »echten« Partner durchprobieren.

Beides wird Ihnen Sicherheit geben und Sie mit Ihrer eigenen Verhandlungsführung vertraut machen.

Hilfreich: das geistige Rollenspiel

AKTIONSPLAN

Strategisches Verhalten beginnt vor dem Verhandeln

So können Sie Hindernisse bei der Vorbereitung von Verhandlungen überwinden

Im Folgenden sind die Kernprobleme auf den Punkt gebracht. Entscheiden Sie, wo Sie aktiv werden müssen, und setzen Sie die vorgeschlagenen Maßnahmen um.

1. Informationen sammeln kostet Zeit und Aufwand. Deshalb bereiten Sie sich kaum auf eine Verhandlung vor.

   Trifft das auf Sie zu?

   Nein.

   Ja, denn für mich gilt:

___

___

Vorschläge zur Lösung des Problems:

Siehe dazu:

Seite 67 – 79

- Überlegen Sie, was Ihnen an Grundlagen für die Verhandlung fehlt, wenn Sie darauf verzichten.

Seite 98 – 121

- Analysieren Sie genau, wie wichtig die Vorbereitung für die Auswahl einer Erfolg versprechenden Grundstrategie ist.

Seite 18 – 27

- Sehen Sie sich an, wie sehr Informationen Ihre Macht stärken können.

Beginn der Maßnahmen: ab sofort

Erfolgskontrolle: nach 4 Wochen

Ergebnis: ___

Mögliche Maßnahmen bei anfänglichem Misserfolg:

- Notieren Sie auf einem Blatt Ihre letzten fünf bis zehn Verhandlungen. Geben Sie jeweils an, ob sie besonders, einigermaßen oder gar nicht erfolgreich verlaufen sind. Fragen Sie sich bei jeder einzelnen, ob Sie nicht durch mehr und bessere Informationen zu einem besseren Ergebnis gekommen wären.
- Sehen Sie sich an, wie Sie sich auf »schwierige« Gesprächspartner einstellen können. Schon allein das erspart Ihnen eine Menge an Konfliktstoff und ermöglicht bessere Ergebnisse. ▶ Seite 126 – 131
- Befassen Sie sich mit dem Thema »Fehler beim Einschätzen« und versuchen Sie sich eine ehrliche Erklärung zu geben, ob Ihre Selbsteinschätzung nicht zu positiv ausfällt. ▶ Seite 70 – 73

2. In Verhandlungen kann es passieren, dass Ihnen nicht die richtigen Worte einfallen, mit denen Sie den anderen überzeugen könnten. Auch seine Einwände bringen Ihre Aussagen ganz schön ins Wanken.

Beschreibt dies Ihre Position?

Nein.

Ja, bei mir sieht das oft so aus:

____

____

Vorschläge zur Lösung des Problems:

- Vertiefen Sie Ihr Wissen darüber, was Argumente sind, wie Sie sie vorbereiten und präsentieren können. ▶ Seite 79 – 86
- Lernen Sie mit Einwänden umgehen. ▶ Seite 86 – 91
- Steigern Sie Ihre Kommunikationsfähigkeit. ▶ Seite 30 – 65

Beginn der Maßnahmen: ab sofort

Erfolgskontrolle: nach 6 Wochen

Ergebnis: ____

Mögliche Maßnahmen bei anfänglichem Misserfolg:

- Üben Sie das Argumentieren im privaten Rahmen. In geselliger Runde, bei Familienfesten oder am Biertisch können Sie Ihre Argumentationsfähigkeit durch Training steigern. Beachten Sie dabei den Grundsatz des Argumentierens: Nicht überreden, sondern überzeugen!
- Machen Sie Rollenspiele mit dem Lebenspartner oder einem Freund, in denen Sie einfache Verhandlungssituationen durchspielen. Probieren Sie verschiedene Argumente aus und lassen Sie sich rückmelden, welche davon besonders gut angekommen sind.
- Seminare zur Kommunikation und zum Argumentieren können Ihnen weiterhelfen.
- Seite 132 – 147 Stellen Sie sich auf unfaire Taktiken und kritische Phasen ein. Dann können sie Sie nicht so schnell aus der Fassung bringen.

Wenn Sie diese Probleme erfolgreich bewältigt haben, können Sie entweder direkt zu Kapitel 4 übergehen oder Sie blättern zurück zur »Situationsanalyse« und beschäftigen sich dort mit Punkt 4.

Mit Strategie verhandeln

4

Treffen zwei Partner zu einer Verhandlung zusammen, dann glaubt jeder für sich, dass er die besseren Argumente besitzt und das größere Stück vom Verhandlungskuchen bekommen soll. Dementsprechend verhandeln viele nach der herkömmlichen »So-viel-wie-möglich-Methode« und gehen dabei ohne Rücksicht auf Verluste vor. Dabei stellt sich allerdings meist später heraus, dass die Verluste – zumindest teilweise – auch auf der eigenen Seite zu vezeichnen sind.

Neben dieser konkurrenzorientierten und äußerst konfliktträchtigen Strategie gibt es deshalb einige andere, mit denen oft bessere und tragfähigere Lösungen ausgehandelt werden können. Lernen Sie die Vorzüge einer kooperativen Strategie kennen, erinnern Sie sich an die Möglichkeiten des Kompromisses und erfahren Sie, wann Alternativstrategien angebracht sind.

Damit Sie für alle Phasen des Verhandlungsprozesses gerüstet sind, sollten Sie außerdem wissen, worauf Sie sonst noch Ihr Augenmerk richten müssen.

Ziel des Kapitels: Sie erfahren, welche Strategie für welche Situation die beste ist

In diesem Kapitel dreht sich alles um Strategien. Sie sind quasi die mehr oder weniger breite Röhre, in der sich unser Handeln während einer Verhandlung bewegt. Sie geben uns sowohl die Richtung als auch den Rahmen für unser Handeln vor.

Keine Verhandlung ohne Strategie

Kriterien für die Wahl der Strategie

EXPERTENTIPP

Die Erfahrung lehrt, dass es besonders diese Punkte sind, die zu erfolglosen oder schlecht verlaufenden Verhandlungen führen:

- Es wird ohne Strategie verhandelt.
- Es wird die falsche Strategie angewendet.
- Die richtige Strategie wird verkehrt umgesetzt.

Keine Strategie zu besitzen heißt, auf Planung und Vorbereitung zu verzichten. Und dies wiederum öffnet dem Zufall Tür und Tor. Der vorbereitete Verhandlungspartner wird den »strategielosen« übervorteilen, noch bevor dieser merkt, was sich überhaupt abspielt.

Wer strategisch vorgeht, ist dagegen in der Regel aktiver, reaktionsschneller, sicherer und zielorientierter. Und das gilt für den gesamten Verhandlungsprozess genauso, wie für einzelne Abschnitte oder heikle Situationen. Je mehr Sie vorbereitet sind und eine klare Linie verfolgen, desto besser werden Sie Verhandlungen führen können.

4.1 Sie haben die Wahl

Allerdings ist die Wahl einer Strategie nicht so einfach. Nicht jede Strategie passt für jede Situation. Auch ob eine Verhandlungssituation freiwillig zustande kommt oder von einer Seite forciert wurde, ob es Regeln und Gesetze gibt, die beachtet werden müssen, oder ob eine feste Tagesordnung vorgegeben ist – all diese Elemente können die Wahl der Strategie beeinflussen.

Die wichtigsten Kriterien für die Strategiewahl ergeben sich jedoch aus der Beantwortung der beiden Fragen:

- Ist das Verhandlungsergebnis für Sie wichtig?
- Ist die Beziehung zur anderen Partei wichtig?

Die Faktoren »Beziehung« und »Ergebnis«

Je nachdem, wie Sie diese Faktoren »Beziehung« und »Ergebnis« gewichten, bieten sich unterschiedliche Strategien an. Denn wenn Ihnen die Beziehung zum Verhandlungspartner wertvoll ist, sollten Sie anders vorgehen, als wenn Sie auf die Beziehung »pfeifen« und nur Ihren Vorteil suchen.

Wenn Sie auf Konkurrenz aus sind

Wenn wir vom Verhandeln sprechen, denken wir meistens an die typische Situation, bei der sich zwei Kontrahenten gegenüberstehen und jeder seine Position durchsetzen will. Diese Verhandlungsstrategie ist uns allen geläufig, weil wir Verhandeln gerne mit dieser Art von strategischem Vorgehen identifizieren. Es hat einige markante *Kennzeichen*:

Kennzeichen der Konkurrenzstrategie

- Es geht um Wettbewerb.
- Es wird um Positionen gerungen.
- Es gibt meist nur einen Gewinner und auch einen Verlierer.
- Es wird nur für das eigene Ergebnis verhandelt.
- Bestehende Konflikte werden verschärft.
- Es wird mit harten Bandagen verhandelt.
- Rücksichten werden meistens keine genommen.
- Die Beziehung der Verhandlungspartner wird belastet.
- Denken und Handeln sind kurzfristig.
- Es werden eher die Differenzen zwischen den Verhandlungspartnern hervorgehoben als die Gemeinsamkeiten.
- Die Strategie führt zu Misstrauen.
- Bestehendes Vertrauen wird erschüttert oder sogar zerstört.
- Das Hauptziel ist, den anderen zum Nachgeben zu bringen.
- Eine Seite will ihre Bedürfnisse und Interessen durchsetzen.
- Beim anderen wird wenig Bereitschaft für Zugeständnisse und Entgegenkommen geweckt.
- Es besteht keine Notwendigkeit oder keine Einsicht für den Aufbau einer längerfristigen Beziehung.
- Die Ziele werden so gesehen, dass es für eine Einigung keine gemeinsame Lösung gibt.
- Meistens geht es um »greifbare« Größen: Mengen, Preise, Zinssätze, Stückzahlen.

Diese Art der Verhandlung ist uns am geläufigsten

Die Kooperationsstrategie

Auch wenn diese Liste einen negativen Eindruck vermittelt: Es gibt Situationen, in denen die »Gewinner-Verlierer-Strategie« durchaus ihre Berechtigung hat.

Sie können sie dann einsetzen, wenn

- Ihr Verhandlungspartner selber nach dieser Konkurrenz-Strategie vorgeht
- Sie sie als Verteidigungsstrategie gegen überhartes oder unfaires Verhalten des anderen brauchen
- es eine einmalige Verhandlung mit diesem Partner ist und keine weiteren Kontakte stattfinden werden
- die Beziehung zum Verhandlungspartner (oder der von ihm vertretenen Organisation) für Sie in Zukunft keine Bedeutung mehr haben wird
- Sie eine gute Alternative haben, falls diese Verhandlung scheitern wird
- die hinter Ihnen stehende Organisation von Ihnen verlangt, um alles in der Welt zu gewinnen

EXPERTENTIPP

Ein großer Fehler beim Einsatz der »Konkurrenz-Strategie«: Der Verhandlungspartner wird oft unterschätzt. Hüten Sie sich davor, wenn Sie mit dieser Methode verhandeln. Bereiten Sie sich also in jedem Fall gut vor und informieren Sie sich dabei gründlich.

Kooperation statt Konflikt

Lösungsorientierung

Es geht auch anders. Bei einer problemorientierten Herangehensweise findet kein Kampf statt, sondern es herrscht das Streben nach einer Lösung vor, bei der beide Parteien gewinnen. Neben dem Ergebnis spielt die Beziehung eine ganz wichtige Rolle.

EXPERTENTIPP

Vertrauen ist die zentrale Basis aller Beziehungen. In Verhandlungen wird es besonders gestört, wenn Sie

- die Bedürfnisse des anderen nicht kennen, ignorieren oder verletzen
- sich unberechenbar verhalten
- unsympathisch auftreten

Vertrauen als Basis

Kooperativ geführte Verhandlungen verlangen also eine ganze Menge von den Beteiligten. Allerdings helfen sie auch, Konflikte zu lösen und künftige Konflikte zu vermeiden. So gesehen ist der damit verbundene Aufwand eine gute *Investition in die Zukunft*.

Außerdem erweisen sich Lösungen aus solchen Verhandlungen als haltbarer und tragfähiger als »erstrittene« Abschlüsse. Und Sie fühlen sich auf jeden Fall in Verhandlungen wohler, wenn sie nicht in einer giftigen und aggressiven Atmosphäre ablaufen.

FALLBEISPIEL

Anita Wollschmid ist die Geschäftsstellenleiterin einer großen Bank in einer Kleinstadt. Ihr gegenüber sitzt Herr Lamers, der eine Druckerei am Ort betreibt.

Herr Lamers schildert ihr sein Anliegen. Die Ausfälle durch verspätete Zahlungen der Kunden häufen sich. Er möchte seinen bisherigen Kreditrahmen von 60.000 DM für sein Geschäftskonto auf 100.000 DM ausweiten. Der Zinssatz dafür beträgt 9,5 %.

Aufmerksam hört Frau Wollschmid zu, bevor sie sagt:

Ich verstehe Ihre Lage voll und ganz. Da kommen Unmengen an Außenständen zusammen und Sie haben die Kosten dafür zu tragen. Lassen Sie uns doch gemeinsam eine praktikable Lösung finden. Leider gibt es da einige Hürden, die auch Sie betreffen. Zum einen besagt eine Anweisung der Vorstandschaft, dass Dispokredite auf Geschäftskonten einen Mindestzinssatz von 11 % einhalten müssen. Und außerdem darf bei Geschäften in ihrer Größenordnung der Betrag von 60.000 DM

Probieren Sie es aus: Übertragen Sie das Fallbeispiel auf eine Situation aus Ihrem Umfeld

Voraussetzungen für die kooperative Strategie

nicht überschritten werden. Sie sehen, dass wir eine heikle Situation vor uns haben. Ich hoffe, Sie verstehen meine Lage?

Tja, da sehe ich ja schon schwarz für meine Absicht …

Na, na, Herr Lamers, das wollen wir doch erst mal sehen. Suchen wir doch nach Möglichkeiten, wie wir das Problem lösen können.

Sie machen sich nun daran und listen alle Ideen auf, die ihnen einfallen. Anschließend erarbeiten sie ein Lösungspaket, mit dem beide leben können.

Und so sah die Lösung am Ende aus:

Herr Lamers Geschäftskredit wurde auf 80.000 DM erhöht, allerdings zu einem neuen Zinssatz von 11 %. Das liegt immer noch deutlich unter den normalen Zinssätzen für Bankkredite.

Zugleich wurde aber sein Privatdispositionskredit von 18.000 auf 45.000 DM aufgestockt, wobei jedoch der Zinssatz von 10 % erhalten bleibt.

Außerdem verpflichtet sich die Bank, die per Lastschriftverfahren eingezogenen Rechnungsbeträge zügig zu bearbeiten und seinem Konto gutzuschreiben. Sie wird Herrn Lamers außerdem dabei unterstützen, so viele Kundenrechnungen wie möglich auf Lastschrift- bzw. Dauerauftragsverfahren umzustellen. Dafür stellt sie eigene Vordrucke und Vergünstigungen für die Kunden bereit, die darauf eingehen.

Wären beide auf ihre jeweilige Ausgangsposition fixiert gewesen, hätte eine solche Lösung nicht zustande kommen können. Frau Wollschmidt hätte darauf beharrt, keinen Spielraum zu besitzen. Herr Lamers hätte gedroht, die Bank zu wechseln. Verhärtete Fronten und zwei Verlierer wären die Folge gewesen. Ganz anders hier:

Beide Seiten gewinnen

Beide haben gewonnen und können ihre Lage als verbessert ansehen. Und Sie haben einen ersten Eindruck erhalten, wie so eine kooperative Verhandlung vonstatten gehen kann.

Damit Sie selbst eine solche Verhandlung durchführen können, sollten Sie die folgenden Aspekte besonders beherzigen.

CHECKLISTE

So gelingt eine kooperative Strategie am besten

- Bauen Sie Vertrauen auf.
- Trennen Sie Person und Problem.
- Zielen Sie auf eine Einigung über das Problem.
- Definieren Sie die Problemlösung als gemeinsames Ziel.
- Beide Seiten sollen für die Lösung verantwortlich sein.
- Klären Sie die Bedürfnisse, Interessen, Sorgen und Ängste jeder Seite.
- Versuchen Sie das Problem auch aus der Sicht des anderen zu sehen.
- Zeigen Sie sich konzessionsbereit.
- Kommunizieren Sie offen und partnerorientiert.
- Erstellen Sie einen Katalog von möglichen alternativen Lösungen.
- Wählen Sie zusammen eine Lösung aus.
- Achten Sie auf gegenseitige Fairness.
- Sehen Sie in der Problemlösung das Ergebnis, nicht in bestimmten Zahlen, Mengen oder Anteilen.

Der Schlüssel: das gemeinsame Ziel

EXPERTENTIPP

Die Kooperationsstrategie ist kein Allheilmittel und auch keine Strategie für alle Situationen. Manchmal muss man auch die Hände davon lassen – besonders dann, wenn

- die andere Seite nicht zusammenarbeiten will
- der Verhandlungspartner eine Konkurrenzstrategie verfolgt
- der Partner voller Vorurteile ist
- der Auftraggeber Ihres Gegenübers präzise Ergebnisse sehen will
- die Zeit für eine ausgiebige Problemlösung fehlt
- keine künftige Beziehung vorgesehen ist
- der andere sehr verschlossen ist

Prüfen Sie die Voraussetzungen jeweils genau

Der Nutzen der Kompromissstrategie

Der »gute alte« Kompromiss

Eine Möglichkeit der Annäherung in Verhandlungen ist der Kompromiss. Beide Seiten geben für eine erfolgreiche Bewältigung der Verhandlung etwas her und erhalten im Gegenzug auch etwas.

Allerdings bekommen beide nicht das von ihnen angepeilte Oberziel, sondern es entsteht eine *Annäherung*, bei der sich die Kontrahenten irgendwo in der Mitte treffen: Statt der angestrebten 100 DM pro Tonne Öl erhält der Lieferant nur 80 DM, während der Abnehmer statt des gewünschten Preises von 60 DM etwas tiefer in die Tasche greifen muss.

Kompromisse gehören zu unserem täglichen Leben. Sie sind meist so, dass wir zwar nicht den idealen Zielpunkt erreichen, zugleich aber auch nicht unser Gesicht verlieren. Die Verhandlungsführer bringen auf diese Weise ein zufrieden stellendes Ergebnis mit nach Hause.

Wo ist die gemeinsame Schnittstelle?

Bei einem Kompromiss geht es im Grunde darum, herauszufinden, wo die *gemeinsame Schnittstelle* der Angebote liegt.

Eine Kompromissstrategie eignet sich besonders für Situationen, in denen kooperatives Vorgehen nicht machbar ist. Außerdem ist der Kompromiss eine Möglichkeit, Verhandlungen über die Bühne zu bringen, für die nicht so viel Zeit zur Verfügung steht. Meistens werden Kompromisse schnell gefunden; das spart *Zeit und andere Ressourcen*.

Ein weiterer Vorteil einer Einigung auf Kompromissbasis besteht darin, dass kein reines Ergebnisdenken vorherrscht. Damit beweisen die Verhandlungspartner Interesse an der Beziehung, die für die Zukunft positiv gestaltet wird.

Damit die Kompromissstrategie aufgeht, sollten Sie auf einiges achten:

Auch hier gilt: Gute Vorbereitung ist entscheidend!

- Bereiten Sie sich gut vor.
- Machen Sie sich Ihre Ziele bewusst.
- Versuchen Sie Klarheit darüber zu erlangen, was die andere Seite will.
- Erweisen Sie sich als verhandlungsbereit.
- Gehen Sie nicht schroff an die Verhandlung heran.
- Sorgen Sie für eine möglichst gleichwertige Machtbasis.

- Bewegen Sie sich in kleinen Schritten auf das Ziel zu.
- Beide Seiten sollten Zugeständnisse machen.
- Drängen Sie nicht zu sehr.
- Lassen Sie sich Zeit.
- Sehen Sie im anderen den Menschen mit seinen Bedürfnissen und Interessen.
- Das Ergebnis muss nicht für beide Seiten gleichwertig ausfallen.
- Denken Sie daran, dass auch eine gute Beziehung einen Kompromiss rechtfertigt.
- Klären Sie, ob Ihre Auftraggeber mit einem Kompromiss leben können

Sich und dem anderen Zeit lassen

WISSENSWERT

Eigenartigerweise hat der Kompromiss bei uns traditionell einen negativen Beigeschmack. Hier sollten wir von anderen Kulturen lernen. Dort ist das »Feilschen« weitaus verbreiteter und mit einem viel größeren Wert versehen als bei uns. Denken Sie an arabische Basare oder Märkte in Südostasien.

Wissenschaftler haben schon lange den sozialen Aspekt des Feilschens entdeckt. Deshalb sollten wir uns vor Augen halten, dass das »Handeln« ein Vorgang ist, der Beziehungen herstellt, erneuert oder verbessert.

Alternative Strategien

Für Verhandlungen gibt es *fünf grundlegende Strategien*, die je nach Gewichtung der beiden Ebenen »Beziehung« und »Ergebnis« eingesetzt werden. Zwei weitere sollen Sie jetzt kennen lernen.

Die Anpassungsstrategie

Bei diesem Vorgehen wird die Beziehung zum Verhandlungspartner in den Vordergrund gerückt. Es erscheint wichtiger, diese *Beziehung* herzustellen oder zu verbessern, als auf ein Ergebnis zu drängen.

Je mehr Strategien Sie kennen und beherrschen, desto flexibler können Sie verhandeln

Extremstrategien: Anpassung und Verweigerung

Deshalb wird diese Strategie auch gerne als »Lose-Win-Lösung« vorgestellt. Der eine Partner gibt nach, um die Beziehung nicht zu gefährden. Anstatt mit zu großer Ergebnisorientierung Konflikte oder Spannungen zu riskieren, wird dem Ansinnen des anderen Verhandlungspartners nachgegeben.

Sanftes Vorgehen sowie eine einfühlsame und verständnisvolle Kommunikation sind markante Kennzeichen dafür.

FALLBEISPIEL

Frau Wollschmid sieht in Herrn Lamers einen wichtigen und einflussreichen Kunden. Deshalb beschließt sie, seinen Kreditrahmen auf 100.000 DM zu erhöhen. Zugleich wird der Zinssatz bei den bisherigen 9,5 % belassen.

Sie weiß, dass sie damit zwar finanziell den Kürzeren zieht, aber die Beziehung zu Herrn Lamers ist ihr das wert. Denn schließlich übernimmt er auch viele Druckaufträge für die Bank, die er kostengünstig und gut ausführt. Darüber hinaus ist er durch seine Mitgliedschaft in vielen Gremien und Vereinen ein einflussreicher Multiplikator. Wenn er zufrieden ist, wird sich das herumsprechen. Ein harter Abschluss oder gar ein Scheitern hätte wegen der Mundpropaganda von Herrn Lamers sicher größere negative Auswirkungen auf andere Kunden.

Hinter dem Einsatz einer solchen Strategie steht also oftmals das weiter reichende Ziel »Beziehung«. Manchmal scheint es eben klug zu sein, jetzt einzulenken und die andere Seite zufrieden zu stellen, um später davon zu profitieren. Ein so behandelter Gesprächspartner wird vielleicht zu anderer Gelegenheit eher Zugeständnisse machen oder zu einer kooperativen Zusammenarbeit bereit sein.

Konflikte entspannen durch Nachgeben

Gerade in *Konfliktsituationen* ist es manchmal sinnvoll, diese Strategie einzusetzen, damit erst einmal die Beziehung wieder entspannt wird. Nachdem die Sache geklärt ist, lässt es sich zu einem anderen Zeitpunkt entkrampfter verhandeln.

EXPERTENTIPP

So wirkungsvoll und beziehungsfördernd diese Strategie ist – ihr Einsatz und die Dosierung müssen gut überlegt werden. Ansonsten besteht die Gefahr, dass Sie ausgenutzt und auf die »Verliererrolle« festgelegt werden.

Verweigerung

Wann der Rückzug infrage kommt

Eine seltener praktizierte Strategie ist der komplette *Rückzug* aus der Verhandlung. Das ist vor allem dann angebracht, wenn Ihnen weder am Ergebnis noch an der Beziehung liegt. Dann stellt sich die Frage, warum Sie überhaupt verhandeln sollen.

Manchmal kann auch der Zeitpunkt einfach ungünstig sein und Sie verzichten deshalb auf eine Verhandlung. Oder Sie besitzen eine tolle alternative Lösung, die Ihnen dieser Verhandlungspartner gar nicht bieten kann.

Ihre Verweigerung können Sie dabei auf mehrere Arten zeigen:

- Sie lehnen die Verhandlung ab.
- Sie erscheinen nicht zur Verhandlung.
- Sie machen keine Aussagen während der Verhandlung.

WISSENSWERT

Eine besonders extreme Form, Verhandlungen zu vermeiden, ist die Festlegung eines »unerschütterlichen Angebots«. Diese als *Boulwarismusstrategie* bekannte Position verknüpft Härte mit der Ablehnung von Verhandlungen. Dabei wird dem Geschäftspartner ein genau festgelegtes Angebot vorgesetzt, das er lediglich annehmen oder ablehnen kann.

Überlegen Sie gut, ob Sie so vorgehen wollen

Wer diese »Vogel-friss-oder-stirb-Strategie« einsetzt, dem ist sowohl die Beziehung zum Verhandlungspartner als auch die Erreichung des Zieles egal.

4.2 Strategien für bestimmte Momente

Wenn Sie strategisch vorgehen, werden Verhandlungen bei Ihnen bereits in einer guten Atmosphäre beginnen können. Dazu tragen die vielen Vorarbeiten bei, die wir bisher kennen gelernt haben. Zusätzlich sollten Sie noch auf Folgendes Wert legen:

Tun Sie alles im Vorfeld, um Ihren Verhandlungspartner günstig zu stimmen und für Sie einzunehmen. Sorgen Sie z. B. für einen guten *Verhandlungsort*, den der andere leicht erreichen kann. Eine Anfahrtsskizze hilft nicht nur seiner Orientierung, sondern zeigt auch, dass Sie sich um ihn bemühen und auf ihn eingehen.

Den gleichen Effekt haben *schriftliche Bestätigungen* über Termin und Uhrzeit oder die Zusendung von Informationen. Unternehmen Sie alles, wovon Sie glauben, dass es schon im Vorhinein dafür sorgt, eine positive Beziehungsbasis zu legen. Allerdings sollten Sie es auch nicht übertreiben oder dem anderen lästig werden.

Jetzt beginnt die Verhandlung

Die ersten Augenblicke

Oft genug wird der Start von Verhandlungen als »Beschnuppern« oder »Abtasten« bezeichnet. Jede Seite checkt, wie sie beim anderen ankommt, wie sich die anderen Beteiligten verhalten und ob die eigenen Verhaltensweisen passen.

Bedenken Sie, dass es keinen Sinn macht, wenn Sie sich in dieser Phase verstellen und eine Rolle spielen, die nicht zu Ihnen passt. Bleiben Sie sich selbst treu und versuchen Sie, so natürlich wie möglich zu sein. Eine gesunde Portion *Selbstbewusstsein* dagegen schadet nicht, wenn Sie es nicht arrogant rüberbringen.

Ein Pokerface wirkt negativ!

Hüten Sie sich davor, das berühmte Pokerface aufzusetzen. Eine eiserne Miene oder gar ein zusammengekniffenes Gesicht haben nach allen Erfahrungen nur negative Auswirkungen auf den Verhandlungsverlauf.

Manche treten besonders hastig in die Verhandlung ein. Hektik und künstlich erzeugter Stress sorgen aber garantiert für ungenügende Verhandlungserfolge. Entspannen Sie sich und helfen Sie auch dem anderen, sich zu lockern.

Keine Hektik!

Die Tagesordnung

Eine Tagesordnung gibt die Struktur der Verhandlung vor. Sollten Sie die Verhandlung organisieren, können Sie die Themen z. B. auf folgende Weise zeitlich anordnen:

Die Struktur der Tagesordnung

- Setzen Sie ein für die Gegenseite wichtiges Thema an den Schluss. Dadurch besteht die Möglichkeit, dass Ihr Verhandlungspartner bei den vorhergehenden Punkten eher nachgibt bzw. schneller verhandeln will.
- Unstrittige Themen können Sie an den Anfang stellen. Beide Seiten bekommen so nicht nur ein *Erfolgsgefühl*, sondern wachsen auch ein Stück zusammen.
- Gibt es ein Thema, das Sie möglichst nicht behandeln wollen, dann platzieren Sie es an den Schluss der Verhandlung. So können Sie es vielleicht bei Zeitdruck ausklammern oder nach vielen erfolgreichen Schritten leichter lösen.
- Am Anfang können Sie auch Punkte abhandeln, bei denen Sie sich besonders kompromissbereit finden. So erzeugen Sie für heiklere Themen möglicherweise einen so großen Vorschuss an Vertrauen, dass sich die Gegenseite ebenfalls auf Zugeständnisse einlässt.
- Klären Sie zu Beginn der Verhandlung die Tagesordnung mit Ihrem Gegenüber. Oft genug tragen Misstöne in diesem Punkt zu Störungen des ganzen Verhandlungsverlaufs bei.

Rituale

Bedenken Sie, dass am Beginn von Verhandlungen meistens standardisierte Verhaltensweisen stehen: begrüßen, Hände schütteln, lächeln, Platz anbieten, ins Gesicht sehen, höflich in den Raum und an den Platz führen, Smalltalk usw. Unterschätzen Sie die Wirkung dieser Rituale nicht! Ein Fehler hierbei kann schon zu Misstönen führen.

Bei Bedarf: Trainieren Sie diese Rituale im privaten Umfeld

So lenken Sie den Verhandlungsbeginn aktiv

Erste Informationen sammeln

Daneben zeigen diese ersten Momente, wie die einzelnen Teilnehmer in der *Hierarchie* stehen; Sie erfahren bereits das eine oder andere über berufliche und private Zusammenhänge. Hören Sie deshalb gut hin, fangen Sie mögliche Anknüpfungspunkte auf: Hobbys, Ereignisse, gemeinsame Bekannte usw. Manchmal können Sie aus dem anklingenden Dialekt auf die geographische Herkunft schließen und so eine zusätzliche Kontaktbrücke herstellen.

In der Phase des Aufeinandertreffens sollten Sie sich die Namen, Funktionen und auch die anderen gelieferten Informationen über Ihre Verhandlungspartner gut merken. Haben Sie einen Namen nicht genau verstanden, fragen Sie ruhig nach. Jetzt ist das noch kein Manko – später jemanden mit dem falschen oder einem unkorrekt ausgesprochenen Namen anzureden, ist viel schädlicher.

Wer macht den Anfang?

Beide Seiten sind in diesem frühen Stadium noch verhalten, hüten sich vor offenen Worten und werden kaum ihre Interessen und Ziele gänzlich darlegen. Aber eine Seite sollte dann das Wort ergreifen und langsam auf die Verhandlung hinführen.

Wenn Sie die Verhandlung einberufen haben und das »Hausrecht« besitzen, sollten Sie auch das Gespräch in Gang bringen. Sollte Ihr Verhandlungspartner dagegen das Wort sofort an sich ziehen, so können Sie auf einen aggressiven Widerpart schließen. Manchmal brennt dem anderen aber auch der dahinter steckende Konflikt unter den Nägeln. Er will seinen Unmut und seine Gefühle unbedingt loswerden, bevor bei ihm der Druck zu groß wird.

EXPERTENTIPP

Wer beginnt, führt!

Ergreifen Sie als Erster das Gespräch, wenn Sie es lenken wollen. Der andere ist dann gezwungen, auf Ihre Fragen, Vorschläge oder Beschreibungen zu reagieren.

Machen Sie vernünftige Angebote

Verhandlungen bestehen daraus, dass jede Seite bestimmte Vorstellungen hat, was sie erreichen möchte bzw. müsste. Die Distanz zwischen beiden Ausgangspunkten bezeichnet man als *Verhandlungsspielraum*.

Was wollen die Beteiligten?

Am einsichtigsten ist uns das bei Verkaufsverhandlungen, wo der Preis als dominanter Verhandlungsgegenstand im Mittelpunkt steht.

FALLBEISPIEL

Die Grünland Brau AG hat Interesse an der Kleinbrauerei Hopfensud, die sich in Familienbesitz befindet. Der derzeitige Inhaber Ludwig Amann hat keine Erben und möchte sich mit seinen 68 Jahren endlich zur Ruhe setzen. Er weiß, wie viel er für sein Unternehmen bekommen will. Seine Verhandlungsposition stellt sich so dar:

- Optimales Ergebnis: 2,6 Millionen DM
- Realistisches Ergebnis: 2,2 Millionen DM
- Abbruchpunkt: 1,8 Millionen DM

Auf Seite der Grünland Brau AG hat der Verhandlungsführer Nils Öland klare Direktiven von der Vorstandschaft erhalten. Seine Eckwerte lauten:

- Optimales Ergebnis: 1,8 Millionen DM
- Realistisches Ergebnis: 2,2 Millionen DM
- Abbruchpunkt: 2,8 Millionen DM

Mit diesen Voraussetzungen gehen beide nun in die Verhandlung, die in der Lobby eines großen Hotels stattfindet. Herr Öland ist der einladende Verhandlungspartner.

Die Ausgangspositionen sind bezogen, beide Seiten gehen verhandlungsbereit in das Gespräch. Die eine Seite will verkaufen, die andere kaufen. Der Konflikt liegt einzig und allein im Preis. Doch wie gehen beide nun vor, wer macht wie welches Angebot?

Jetzt wird es ernst

So nutzen Sie Ihren Verhandlungsspielraum am besten

Das *Eröffnungsangebot* hat eine zentrale Bedeutung für den Verlauf von Verhandlungen. Die Gegenseite wird daraus ihre Schlüsse ziehen und die eigenen Erwartungen danach ausrichten. Wenn Sie dabei falsch vorgehen, kann es sein, dass Sie sich auf eine Ausgangsposition einlassen, die Ihnen Probleme bereitet.

Deshalb sollte vor dem Eröffnungsangebot immer die gründliche Recherche stehen. Prüfen Sie Ihre Annahmen und Informationen aus der Vorbereitung, stellen Sie Fragen und hören Sie aufmerksam zu. Versuchen Sie herauszubekommen, wie das Verhandlungsziel der Gegenseite aussieht, was Ihrem Verhandlungspartner wichtig ist, was er erreichen muss und was er »verhandeln« kann.

Erst dann sollte ein erstes Angebot formuliert werden. Dabei sollten Sie Ihr eigenes Verhandlungsziel im Auge haben und mit dem vermuteten des Gesprächspartners abgleichen. Für die Platzierung gibt es folgende *Strategien*:

Niedrig anfangen

Dabei eröffnen Sie Ihrem Verhandlungspartner ein Angebot, das nahe an ihrem optimalen Ergebnis liegt. Im Fallbeispiel könnte Herr Öland anbieten, die Brauerei von Herrn Amann für 1,8 Millionen DM zu kaufen.

Diese Strategie führt dazu, dass die Gegenseite unter Druck gerät. Denn Sie haben viel Spielraum für Konzessionen und können den anderen auffordern, ebenfalls große Zugeständnisse zu machen.

Vorbereitung hilft bei der Wahl des Angebots

EXPERTENTIPP

Gerade bei dieser Strategie zeigt sich, wie wichtig Vorbereitung und gutes Fragen sind. Erst wenn Sie ahnen, wo der Abbruchpunkt der Gegenseite liegt, können Sie Ihr Angebot so niedrig wie möglich ansetzen. Liegt Ihr Eröffnungsangebot nämlich unter bzw. über dem Abbruchpunkt des anderen, wird er es für unannehmbar ansehen und möglicherweise die ganze Verhandlung beenden. Zumindest kann seine Verhaltensweise aggressiver und feindseliger werden.

Der Realpunkt

Hierbei wird nahe am realistischen Ziel verhandelt. Dies setzt in der Regel eine härtere Gangart voraus, denn Ihre Konzessionen werden eher klein ausfallen, da Sie sich ja bereits nahe am gewünschten Ergebnis befinden. Die Gegenseite wird dagegen eher unwirsch und ungehalten sein. Denn sie ist es, die das Gefühl hat, mehr und größere Zugeständnisse machen zu müssen, wenn es zu einem Abschluss kommen soll.

Nur geringe Konzessionen

Im Fallbeispiel könnte Herr Öland also ein Angebot von 2,1 Millionen DM vorlegen und nur zögernd bis auf etwa 2,2 Millionen DM nachgeben, während Herr Amann von 2,7 Millionen DM ausgegangen ist.

Die Gefahr bei dieser Strategie besteht darin, dass ein solches hartes Verhandlungsverhalten meistens auf künftige Beziehungen durchschlägt. Vielleicht wird Ihnen das später einmal heimgezahlt oder Sie werden mit einer ebenso unnachgiebigen Strategie konfrontiert. Deshalb eignet sie sich eher für Verhandlungen, bei denen es nicht auf eine künftige gute Beziehung ankommt.

Der signalisierte Kompromiss

Bei dieser Strategie liegt Ihr Eröffnungsangebot in etwa gleich weit von Ihrem realistischen Ziel entfernt wie das Angebot Ihres Verhandlungspartners. Dazu ist es allerdings notwendig, dass Sie es vorher kennen. Entweder hat er es schon im Vorfeld geäußert oder Sie lassen ihm den Vortritt, um Ihr Angebot darauf abstimmen zu können.

Im Fallbeispiel hat Herr Amann gemeint, dass er einen Preis von 2,5 Millionen für angemessen ansehen würde. Nun kontert Herr Öland mit 1,9 Millionen DM. Der »unbewusste« Zielpunkt bei 2,2 Millionen zwingt beide Seiten zu gleich großen Konditionen.

Mit jedem Schritt bewegen sich beide Verhandlungspartner auf diesen Punkt zu. Sobald Herr Amann ein neues Angebot von 2,4 Millionen DM abgibt, steigt das von Herrn Öland um den gleichen Differenzbetrag nach oben auf 2 Millionen DM. Sehr schnell wird der angepeilte Mittelwert auch für Herrn Amann deutlich.

So entsteht ein Ergebnis, das beide Seiten zufrieden stellt

Ein solches Vorgehen verspricht gute Erfolge. Und es hat mehrere *Vorteile*:

Wann Sie Ihr Angebot machen sollten

- Die Zugeständnisse sind auf beiden Seiten gleich groß.
- Es entsteht ein Gefühl von Fairness.
- Beide können sich erfolgreich fühlen.
- Die Verhandlungssituation wird sich kaum verhärten.
- Ihr Verhandlungspartner kann Ihren Verhandlungsspielraum erkennen.
- Es wird Zeit gespart.
- Die Beziehung wird erhalten, eventuell sogar verbessert.
- Es entsteht kein Konfliktpotenzial für die Zukunft.

Der »versüßte« Kompromiss

Dabei wird der Kompromiss nur geringfügig abgeändert. Ihr erstes Angebot liegt etwas weiter vom angestrebten Einigungspunkt entfernt als das Ihres Partners.

Im Fallbeispiel könnte Herr Öland auf Herrn Amanns Angebot von 2,5 Millionen DM mit einer Offerte antworten, die bei 1,85 Millionen DM liegen könnte. Beide treffen sich wieder letztendlich bei 2,2 Millionen DM. Aber durch das etwas niedrigere Erstangebot von Herrn Öland entsteht bei Herrn Amann der Eindruck, mehr erreicht zu haben.

Diese Methode, ein zusätzliches Bonbon zu vergeben, zeigt besonders dann Wirkung, wenn die Gegenseite unbedingt »mehr« gewinnen will.

Warten Sie mit Ihrem Angebot

Egal ob es um Verkaufs- oder um Konfliktverhandlungen geht – erst wenn Sie wissen, worum es der anderen Seite geht, sind Sie in der Lage, ein angemessenes und verhandelbares Angebot abzugeben. Das *erste Angebot* entscheidet über den weiteren Verlauf der Verhandlung, gibt den Rahmen und die Erwartungshaltungen vor.

Sie sollten dann als Erster eröffnen, wenn

Als Erster eröffnen

- Ihnen die Zeit für längere Verhandlungen fehlt
- Sie als Verkäufer den Rahmen für die weitere Preisfestsetzung vorgeben wollen
- Sie ungeduldig sind

- dies durch geschäftliche, rechtliche oder traditionelle Regularien so festgelegt ist
- es sich um einfache Verhandlungen dreht
- Sie niedrig anfangen wollen
- Sie einem Konkurrenten zuvorkommen wollen

In der Regel sollten Sie allerdings darauf abzielen, erst dann Ihr Angebot zu eröffnen, wenn Ihr Verhandlungspartner seines bekannt gegeben hat. Ihre Position und Ihre Manövrierfähigkeit verbessern sich dadurch.

Wenn Sie warten können, verbessert sich Ihre Situation

EXPERTENTIPP

Bleiben Sie bei Ihrem Angebot präzise und hüten Sie sich vor ungefähren Angaben. Sie bilden keine verhandelbare Basis.

Während Sie Ihr eigenes Angebot überlegen und gestalten, sind Sie gleichzeitig gefordert, sich mit dem der Gegenseite zu befassen. Um einschätzen und einordnen zu können, bieten Ihnen die folgenden Fragen gute Ansatzpunkte.

CHECKLISTE

So prüfen Sie das Angebot der Gegenseite

- Passt es zu Ihren eigenen Eckpunkten?
- Stellt es das höchste erreichbare Ergebnis dar?
- Ist das schon das Beste, was der andere anbieten kann?
- Wo gibt es Möglichkeiten für eine Annäherung?
- Ist noch Zeit für weitere Verhandlungsschritte?
- Liegt das Angebot weit unter Ihrem eigenen festgelegten Abbruchpunkt?
- Kann es als Basis für ein gegenseitiges Geben und Nehmen dienen?
- Ist es ehrlich gemeint?
- Wie viel Druck übt der andere damit aus?

Diese Fragen sind entscheidend

Zugeständnisse effektiv einsetzen

- Deutet sich durch das Angebot eine Plattform für Zugeständnisse an?
- Wie hat die Gegenseite das Angebot vorgetragen?
- Liegt Ihnen etwas an der Beziehung?
- Müssen Sie Ergebnisse vorweisen?
- Welche Zugeständnisse können Sie anbieten?

Selten bleiben Verhandlungen bei der Äußerung der Erstangebote stehen. Häufig folgt jetzt der Prozess, bei dem sich beide Seiten aufeinander zu bewegen.

Es wird ausgelotet: Wie weit kann ich gehen? Wie weit kommt mir der andere entgegen? Und wo finden wir eine gemeinsame Formel, mit der beide zufrieden sein können?

Erst dann wird es zu einem vernünftigen und tragfähigen Abschluss kommen.

Zugeständnisse müssen sein

Verhandlungen bestehen aus einer Reihe von Konzessionen, die beide Seiten nach der Eröffnung ihrer Erstangebote machen. Ein Zugeständnis ist zunächst einfach ein Abstrich bzw. ein Abgehen von der ursprünglichen Forderung. Mit einem Zugeständnis will man der anderen Seite entgegenkommen, um letztlich doch eine Einigung herbeizuführen.

Zugleich enthält jede Konzession die Erwartung, dass auch der andere sich bewegt und von seiner Position abrückt. Hier wird deutlich, dass Zugeständnisse nicht nur einen *materiellen Kern* haben, sondern auch einen *sozialen*. Jede Konzession sorgt für eine bessere Beziehung, stärkt das eigene Ansehen als fairer Partner und zeigt dem anderen unseren guten Willen.

Die soziale Komponente

Sie können Konzessionen auf verschiedene Art und Weise machen. Die folgende Übersicht zeigt Ihnen die drei wichtigsten Strategiemöglichkeiten.

Strategie	Vorgehen
kleiner werdende Schritte	Das ist die geläufigste Methode. Dabei wird mit großen Zugeständnissen begonnen; mit jedem Verhandlungsfortschritt werden sie kleiner. Ein Risiko bei dieser Vorgehensweise liegt darin, dass Sie mit zu großen Sprüngen beginnen und dadurch Ihren möglichen Erfolg bzw. Ihren weiteren Verhandlungsspielraum zu sehr einschränken.
Zugeständnisse bündeln	Hier verknüpfen Sie einzelne Zugeständnisse der beiden Seiten miteinander. Das Prinzip lautet: *Wenn Sie mir A geben, erhalten Sie von mir B.* Sorgen Sie jedoch dafür, dass bei Nichtannahme durch den anderen die Verhandlung nicht blockiert ist. Deshalb sollten Sie eine Alternative in der Hinterhand haben.
viele kleine Schritte	Hier bewegen Sie sich von Anfang an mit kleinen Zugeständnissen vorwärts. Diese Strategie erfordert Ausdauer und Standvermögen. Die Gefahr liegt darin, dass der andere irgendwann die Geduld verliert. Er kann Sie als hart und unnachgiebig ansehen, sodass die Beziehung belastet wird.

Die Standardmethode

Damit Sie Zugeständnisse effektiv und verhandlungsgerecht einsetzen können, sollten Sie die folgenden *Tipps* beherzigen:

- Hüten Sie sich vor Rückziehern, wenn Sie einmal ein Zugeständnis gemacht haben.
- Bedenken Sie: Nur das, was Sie ausdrücklich verlangen, werden Sie auch bekommen.
- Lassen Sie sich emotional nicht erpressen.
- Lernen Sie, den richtigen Zeitpunkt für Zugeständnisse zu finden: weder zu früh, denn das würde die andere Seite möglicherweise in ihrer Position bestärken, noch zu spät, denn dann besteht die Gefahr einer Verhärtung der Fronten bis hin zum Abbruch.

Damit werden Sie erfolgreicher bei Verhandlungen

Der richtige Zeitpunkt, um aufzuhören

- Achten Sie auf ein gegenseitiges Geben und Nehmen.
- Zeigen Sie sich in solchen Punkten konzessionsbereit, die Ihnen nicht so wichtig sind.
- Überlegen Sie genau, ob Sie das Zugeständnis später nicht bereuen werden.
- Vermeiden Sie Zugeständnisse ohne Gegenleistung.
- Zeigen Sie die Offenheit der Verhandlung, indem Sie auch bei Verhärtung oder Blockade Lösungen suchen und anbieten.
- Erforschen Sie den Verhandlungsspielraum des Partners, indem Sie geschickt fragen und gut zuhören.
- Bleiben Sie Ihrer einmal gewählten Strategie treu und verhindern Sie so unberechenbares Verhalten.
- Versuchen Sie die Möglichkeiten von Zugeständnissen auszuweiten: Bei Preisverhandlungen könnte ein Zusatzservice Ihre erhöhte Preisforderung annehmbarer aussehen lassen (z. B. könnten Sie eine Just-in-time-Lieferung garantieren, deren Kosten zu Ihren Lasten geht, dafür aber Zugeständnisse vom Verhandlungspartner beim Preis fordern).
- Zur Beziehungspflege und um Konflikte zu vermeiden bzw. zu lösen, können Sie sich besonders großzügig bei den Zugeständnissen zeigen. Allerdings sollten sie nicht über Ihren vorher gesetzten Rahmen hinausgehen.
- Schaffen Sie eine Atmosphäre der Partnerschaft und des Vertrauens, denn dann wird die Gegenseite viel eher bereit sein, Konzessionen zu machen.
- Bieten Sie keine Zugeständnisse an, die Sie nicht halten können.
- Signalisieren Sie nicht, dass etwas Ihr letztes Zugeständnis ist, wenn Sie danach doch weiter nachgeben.

Woraus Unzufriedenheit entsteht

WISSENSWERT

Aus Umfragen wissen wir, dass die häufigste Reaktion nach Verhandlungen Unzufriedenheit ist. Bei vielen bleibt das Gefühl haften, dass sie mehr hätten erreichen können oder müssen. Dabei wird aber zu sehr auf die Ergebnisebene abgestellt.

Wenn Sie strategisch verhandelt und sich an Ihrem gesteckten Rahmen orientiert haben, brauchen Sie solche Gefühle nicht zu entwickeln. Bedenken Sie vielmehr, dass es daneben oft genauso wichtig, ja gelegentlich noch bedeutsamer sein kann, den anderen gut behandelt und die Beziehung hergestellt, gerettet oder verbessert zu haben.

Damit Sie zum Abschluss kommen

Jede Verhandlung kommt an ihr Ende. Aber gerade davor haben viele Verhandlungsführer Angst, denn es naht der *Entscheidungspunkt* – und es könnte ja alles noch scheitern.

Neben dieser Furcht ist die Unsicherheit darüber, wann denn der richtige *Zeitpunkt* für den Abschluss gekommen ist, die Hauptursache für falsches Verhalten.

Unsicherheit führt zu falschem Verhalten

Dabei gibt es eine ganze Reihe von Möglichkeiten, wie Sie die Bereitschaft der anderen Seite zum Abschluss ausfindig machen können:

- Sie fragen Ihren Verhandlungspartner, ob alles geklärt ist, und erhalten ein »Ja«.
- Sie haben bei den Zugeständnissen denselben Punkt erreicht.
- Ihr Verhandlungspartner zeigt durch häufiges Nicken seine Bereitschaft an.
- Die Körperhaltung Ihres Gegenübers wird entspannt und ruhig.
- Er zeigt ein freundliches Lächeln und offene Mimik.
- Ihr Gegenüber hört Ihnen aufmerksam zu, ohne zu fragen.
- Er spricht ruhig und greift Ihre Argumente auf.
- Die andere Seite äußert von sich aus den Wunsch nach einem Abschluss.
- Ihr Gesprächspartner stellt Detailfragen zu Modalitäten, die sich aus einem Abschluss ergeben.
- Er bestätigt Ihre Argumente und Aussagen.
- Es gibt keine unklaren Punkte mehr.

Auf den richtigen Moment kommt es an

Der gelungene Abschluss

Diese Anzeichen helfen Ihnen, den Moment für den Abschluss einer Verhandlung zu finden bzw. ihn nicht zu verpassen. Daneben ist hier aber auch Ihr *Gespür* gefragt. Es setzt sich zusammen aus einer intuitiven Seite und der Erfahrung, die Sie in Verhandlungen sammeln.

Ganz wichtig in dieser Phase ist, dass Sie sich richtig verhalten. Es lauern Fallen und auch Ihre emotionale Befindlichkeit kann Ihnen noch einen Streich spielen. Manche Verhandlungen sind in der Zielkurve noch abgestürzt, weil die eine Seite plötzlich vor lauter Siegesgewissheit in Arroganz verfallen oder ins »Plappern« geraten ist und sich so um den Lohn gebracht hat.

Verinnerlichen Sie deshalb die folgenden Hinweise. Sie werden davon profitieren.

CHECKLISTE

So gelingt der Abschluss von Verhandlungen

- Machen Sie keine unvorsichtigen Bemerkungen.
- Verlieren Sie aus Freude nicht die Konzentration.
- Setzen Sie Ihren Verhandlungspartner nicht unter Druck.
- Sprechen Sie jetzt nicht zu viel.
- Führen Sie Teilabschlüsse herbei, wenn es keine generelle Einigung gibt.
- Schließen Sie mit einer generellen Vereinbarung ab, wenn Details noch nicht endgültig zu klären sind.
- Hüten Sie sich vor vereinfachenden Darstellungen der Ergebnisse.
- Übersehen Sie keine wichtigen Punkte.
- Akzeptieren Sie keine Lösungen, nur um die Verhandlung zu beenden.
- Gehen Sie keine Kompromisse am Ende ein, bloß um irgendein Ergebnis zu erzielen.
- Fassen Sie die wesentlichen Aspekte des Ergebnisses zusammen und prüfen Sie, ob auch Ihr Verhandlungspartner alles so verstanden hat.

Ein neues Argument zum Schluss

- Wiederholen Sie auf keinen Fall Ihre sämtlichen Argumente.

- Letzte Widerstände lassen sich manchmal mit einem neuen, schlagenden Argument aus der Welt schaffen.

Auf diese Weise können Sie sich vor Problemen und Fallstricken in der Endphase schützen. Wenn Sie zuvor gut verhandelt, eine entsprechende Beziehung aufgebaut, nutzengerecht argumentiert und sich über Zugeständnisse einander angenähert haben, ist dieser letzte Schritt gar nicht mehr so schwierig.

Der letzte Schritt

WISSENSWERT

Von Ingeborg Bachmann stammt der Satz:
Aufhören können ist nicht eine Schwäche, sondern eine Stärke.

AKTIONSPLAN

Mit Strategie verhandeln

So werden Sie versierter beim Einsatz von Verhandlungsstrategien

Im Folgenden sind die Kernprobleme auf den Punkt gebracht. Entscheiden Sie, wo Sie aktiv werden müssen, und setzen Sie die vorgeschlagenen Maßnahmen um.

1. Sie kennen nur eine Grundstrategie für Verhandlungen: so viel wie möglich herausholen.

   Stimmt diese Einschätzung?

   Nein.

   Ja, denn ich glaube:

____

____

Siehe dazu:

Vorschläge zur Lösung des Problems:

Seite 12 – 19
- Befassen Sie sich mit den Grundlagen des Verhandelns.

Seite 19 – 27
- Klären Sie Ihre Machtposition.

Seite 99 – 100
- Sehen Sie sich die Konfrontationsstrategie näher an und machen Sie sich klar, in welchen Situationen sie angebracht und in welchen sie schädlich ist.

Seite 100 – 107
- Befassen Sie sich mit anderen Grundstrategien und überlegen Sie, wo Sie diese vielleicht besser einsetzen sollten.

Beginn der Maßnahmen: ab sofort

Erfolgskontrolle: nach 5 Wochen

Ergebnis: ______________________________

Mögliche Maßnahmen bei anfänglichem Misserfolg:

- Bereiten Sie sich intensiv auf Verhandlungen vor. ▶Seite 66 – 93
- Lassen Sie Ihre bisherigen Verhandlungen Revue passieren und analysieren Sie, ob Sie dort auf längere Sicht erfolgreich waren oder ob Sie möglicherweise Geschäftsbeziehungen gefährdet haben.
- Bedenken Sie, welche Folgen aus so harten Verhandlungen entstehen können.

2. Sie haben Probleme damit, wie Sie Verhandlungen am besten führen sollen.

Sind Sie in dieser Lage?

☐ Nein.

☐ Ja, mir fällt besonders schwer:

____

____

Vorschläge zur Lösung des Problems:

- Beschäftigen Sie sich intensiv mit den Strategien »für bestimmte Momente«. ▶Seite 108 – 121
- Bereiten Sie Ihre Argumente gut vor und seien Sie auf Einwände eingestellt. ▶Seite 79 – 91

Seite 125 – 150

- Lernen Sie, mit problematischen Situationen in Verhandlungen umzugehen.

Beginn der Maßnahmen: ab sofort

Erfolgskontrolle: nach 4 Wochen

Ergebnis: ______________________________

Mögliche Maßnahmen bei anfänglichem Misserfolg:

Seite 18 – 27

- Stärken Sie Ihr Machtbewusstsein.

Seite 30 – 65

- Bauen Sie Ihre kommunikativen Fähigkeiten aus.
- Besuchen Sie ein Seminar zum Thema »richtig verhandeln«.
- Üben Sie in privaten Verhandlungen oder machen Sie gezielte Rollenspiele mit einem Partner. Das wird Sie sicherer und gewandter werden lassen.

Wenn Sie diese Probleme erfolgreich bewältigt haben, können Sie entweder direkt zu Kapitel 5 übergehen oder Sie blättern zurück zur »Situationsanalyse« und beschäftigen sich dort mit Punkt 5.

Wenn es problematisch wird

5

Verhandlungen laufen selten ohne Schwierigkeiten ab. Sie sollten deshalb auf der Hut sein und Strategien parat haben, mit denen Sie auf Störungen, Komplikationen und Konflikte reagieren können.

Erfahren Sie, wie Sie mit unterschiedlichen Gesprächspartnern sicher umgehen können. Damit ist Ihnen in vielen Situationen gut geholfen. Auch wenn Sie sich mit unfairen Taktiken auskennen und souverän darauf reagieren können, wächst Ihr Verhandlungsgeschick. Am deutlichsten zeigen Sie Ihr Können, wenn Sie Konflikte managen und zu Ihren Gunsten lösen können.

Ziel des Kapitels: Sie lernen, mit schwierigen Gesprächspartnern und Situationen umzugehen

Verhandlungen sind mit dem Hauch von Konfliktträchtigkeit umgeben. Zum einen bergen Verhandlungssituationen selber eine Menge an Problemen: von der Begegnung mit schwierigen Gesprächspartnern über das komplizierte Erreichen einer Einigung bis hin zu den Folgen schlecht verlaufender Gespräche: Zum anderen können in Verhandlungen Konflikte und Krisen produktiver gelöst werden.

Gerade *strategisch geführte Verhandlungen* bieten die Möglichkeit, solche Konflikte anders als über Eskalation oder schlimme Auseinandersetzungen zu meistern. Sie stellen eine reife Form der Gesprächsführung dar. Gut zu kommunizieren, ist dafür unerlässlich. Aber Sie sollten auch einiges über *Reaktionsweisen* wissen. Wie gehen Sie mit einem aggressiven, wie mit einem schweigsamen Verhandlungspartner um? Was können Sie unternehmen, wenn die Gegenseite mit unfairen Mitteln arbeitet, und mit welcher Strategie lösen Sie Konflikte?

Gehen Sie positiv an Krisen und Konflikte heran

Die wichtigsten Verhaltenstypen I

5.1 Schwierige Gesprächspartner

Das ideale Gegenüber bei Verhandlungen gibt es leider nicht. Viel zu unterschiedlich sind Gesprächspartner im Temperament, im Sprechen oder in Bezug auf Offenheit. Da finden wir die verschiedensten Typen und jeder Charakter braucht eine andere Verhaltensweise.

Die nachfolgende Aufzählung umfasst einige der wichtigsten *Verhaltenstypen*. Dabei handelt es sich um Reinformen oder »Idealtypen«. Sie kommen in der Realität allerdings kaum vor, sodass Ihr Gegenüber durchaus zu zwei oder mehr solcher Typen gehören kann. Sie finden hier bei jedem Typ charakteristische Merkmale und wie Sie auf ein solches Verhalten reagieren können.

Der Selbstsichere	**Sie**
▶ gibt sich gelassen ▶ will genaue Angaben ▶ besitzt ein ausgeprägtes Selbstvertrauen ▶ zeigt selten Gefühlsausbrüche ▶ weiß, was er will ▶ hat einen klaren, offenen Blick	▶ bleiben auf der Fachebene ▶ gehen freundlich mit ihm um ▶ äußern keine weitschweifigen Erklärungen ▶ sprechen sachlich und ohne Übertreibungen ▶ lassen ihn reden ▶ stellen viele Motivationsfragen

Vor allem: ruhig bleiben

Der Aggressive	**Sie**
▶ wirkt überlaut ▶ redet viel über sich ▶ lauert auf Schwächen und Fehler ▶ kann selten beim Thema bleiben ▶ gibt kurze, scharfe Antworten	▶ bleiben ruhig und gelassen ▶ halten das Gespräch möglichst kurz ▶ hören aktiv zu ▶ bewerten nicht ▶ steigen nicht auf seinen Tonfall ein ▶ vermeiden ein Streitgespräch

Der Aggressive	Sie
▶ ist unfreundlich ▶ pocht gerne auf sein Recht ▶ liebt Provokationen ▶ greift jedes Argument an ▶ benutzt eine negative Sprache ▶ verbreitet schlechte Stimmung ▶ verhält sich dominant	▶ schlagen notfalls ein späteres Gespräch vor ▶ zeigen keine Angst vor Fehlern ▶ signalisieren Offenheit
Der Schüchterne	**Sie**
▶ hat kaum Einwände ▶ ist ein geduldiger Zuhörer ▶ redet wenig ▶ wird öfter mal rot ▶ vermeidet Blickkontakt ▶ verhält sich unsicher ▶ ist leicht zu beeinflussen ▶ zögert oft ▶ zeigt Unschlüssigkeit und Entscheidungsschwäche ▶ wirkt manchmal ratlos	▶ empfangen ihn freundlich ▶ bauen eine entspannte Atmosphäre auf ▶ geben keine Ratschläge und halten sich mit Kritik zurück ▶ bestätigen seine Äußerungen öfter ▶ halten den Blickkontakt etwas loser ▶ geben ihm Feedback ▶ respektieren seine Distanzzone ▶ sprechen seine Emotionen an
Der Rechthaber	**Sie**
▶ ist leicht erregbar ▶ hält an seiner Meinung fest ▶ tritt forsch auf ▶ weiß alles besser ▶ ist Argumenten nur schwer zugänglich	▶ bleiben ruhig ▶ verwenden »Ich-Botschaften« ▶ setzen geschlossene Fragen mit hoher Wahrscheinlichkeit von Ja-Antworten ein

Sorgen Sie für sein Wohlbefinden

Denken Sie daran: In der Realität haben wir es meistens mit Mischformen dieser Typen zu tun

Die wichtigsten Verhaltenstypen II

Der Rechthaber	Sie
▶ ist streitsüchtig ▶ lässt wenig an sich heran ▶ kennt nur seine Sicht der Dinge ▶ verwendet häufig den harten Verhandlungsstil	▶ lassen sich auf keine Diskussion ein ▶ lassen ihn fühlen, dass Sie ihm nichts Negatives wollen ▶ halten das Gespräch möglichst knapp ▶ geben wenig verstärkende Hinweise wie *ach ja*, *interessant* u. Ä. ▶ weisen ihn nicht zurecht ▶ unterlassen eigene rechthaberische Äußerungen

Der Angeber	Sie
▶ ist wenig zugänglich ▶ gibt vor, dass er weiß, was er will ▶ kehrt seine Position heraus ▶ tritt »hochherrschaftlich« auf ▶ will Aufmerksamkeit und Anerkennung ▶ lässt niemanden neben sich gelten ▶ benutzt einen süffisanten Sprachstil mit arroganten Anspielungen	▶ bleiben ruhig ▶ versuchen nicht, ihn abzuwerten ▶ verfallen nicht in den gleichen Jargon ▶ behandeln ihn persönlich ▶ erbitten seine Mithilfe bei der Problemlösung ▶ sprechen sein Fachwissen an ▶ halten sich zurück

Aktiv zuhören

Der Gleichgültige	Sie
▶ wirkt gelangweilt ▶ scheint unbeteiligt ▶ zeigt kaum Reaktionen ▶ äußert selten eine Meinung ▶ hält kaum Blickkontakt	▶ hören aktiv zu, wenn er doch etwas sagt ▶ knüpfen an die wenigen Informationen an, die Sie erhalten

Der Gleichgültige	Sie
▶ stellt wenig Fragen	▶ schweigen öfter ▶ stellen Ihre Argumente ganz gezielt auf den Nutzen für ihn ab ▶ sprechen sein Verhalten mit »Ich-Botschaften« an *(Ich erlebe Sie als …)*

Fordern Sie ihn heraus!

Der Schweiger	Sie
▶ redet kaum ▶ benutzt das Schweigen gern als Waffe ▶ lässt sich kaum knacken ▶ wirkt manchmal etwas verunsichert ▶ bleibt lange verschlossen ▶ antwortet einsilbig und stereotyp ▶ ist schwer zu durchschauen ▶ wird selten von sich aus aktiv	▶ verwenden kurze Sätze ▶ stellen offene Fragen ▶ geben Feedback ▶ lassen ihm Pausen zum Antworten ▶ halten die Stille aus ▶ reden selbst nicht zu viel ▶ sprechen ihn direkt an ▶ beobachten seine Körpersignale ▶ deuten sein Schweigen nicht als Ablehnung

Hier gilt ausnahmsweise: unbedingt bremsen

Der Vielredner	Sie
▶ lässt andere kaum zum Reden kommen ▶ spricht meist laut ▶ weiß zu allem etwas zu bemerken ▶ unterbricht andere ständig ▶ schweift ab ▶ ist leicht eingeschnappt, wenn ein anderer ihn unterbricht	▶ geben ihm dosiert Anerkennung ▶ lassen ihn eine Zeit lang reden ▶ unterbrechen ihn trotzdem, wenn es zu lange dauert ▶ fassen zusammen und konkretisieren seine Aussagen ▶ nutzen seine Atempausen als Einstieg

Erstellen Sie Ihren eigenen »Knigge«

Der Vielredner	Sie
▶ bringt die Dinge selten auf den Punkt ▶ übergeht Argumente	▶ lassen das »Zauberwort« (seinen Namen) öfter einmal in seinen Redeschwall einfließen ▶ geben kein Feedback und keine Verstärkungen ▶ fragen wenig ▶ wählen einen günstigen Gesprächszeitpunkt, zu dem Sie auf Zeitdruck plädieren können

Der »Liebling«	Sie
▶ will es immer allen recht machen ▶ hat als oberstes Ziel, bei allen beliebt zu sein ▶ scheut Konflikte und jede Art von Auseinandersetzungen ▶ hat wenig Interesse an Details ▶ übernimmt vieles von anderen ▶ sagt zu, um dann später doch einen Rückzieher zu machen ▶ präsentiert selten eine eigene Meinung ▶ versteckt sich hinter Aussagen anderer (Experten, Quellen)	▶ stellen Fragen, um seine wahren Interessen zu ergründen ▶ hören aktiv zu ▶ präsentieren Ihre Argumente, ohne sich in Einzelheiten zu verlieren ▶ geben ihm das Gefühl, dass Sie ihn akzeptieren ▶ hinterfragen seine Zusagen, ob sie gelten, und halten das dann schriftlich fest

Vereinbarungen schriftlich festhalten!

Reaktionsempfehlung

Dies ist nur der Überblick über die hauptsächlichen Gesprächstypen, denen Sie in Verhandlungen begegnen können. Ergänzen Sie diese Übersicht, wenn Sie mit einem Verhalten besonders erfolgreich waren oder bei jemand anderem eine souveräne Verhaltensweise entdecken, die hier nicht erwähnt ist.

Weitere Typen

Heben Sie sich die Aufstellung gut auf. Vielleicht ergänzen Sie sie auch um *weitere Typen* (der Arrogante, der Nervöse, der Entscheidungsschwache, der Misstrauische, der Ungeduldige usw.).

Nehmen Sie diese Aufstellung als Grundlage für die Vorbereitung auf Verhandlungen. Stellen Sie sich damit gezielt auf Ihr jeweiliges Gegenüber ein.

So können Sie sogar einen *persönlichen »Knigge«* für Ihre wichtigsten Verhandlungspartner erstellen. Wenn Sie ihn mit Informationen (Privates, Organisationsfragen, Position, Entscheidungskompetenz usw.) ergänzen, haben Sie eine gute Grundlage für alle Geschäftskontakte.

EXPERTENTIPP

Es kommt immer wieder vor: Sie müssen mit jemandem verhandeln, der in Ihnen Unbehagen oder Minderwertigkeitsgefühle erzeugt. Eine Methode für den Umgang damit ist der »Fernsehtrick«:

Entspannen Sie sich, schließen Sie die Augen und stellen Sie sich den Kontrahenten auf dem Bildschirm vor. Und nun nehmen Sie die Fernbedienung und drehen den Ton leiser, verändern die Farbe, machen ihn schwarz-weiß oder zoomen sein Bild so klein, dass er kaum noch zu sehen ist.

Probieren Sie es aus – Sie werden staunen, wie gut das nach ein wenig Übung klappt.

Und bei einem besonders unsympathischen Gegenüber: Suchen Sie irgendetwas Positives an ihm!

Typische Manipulationsversuche

5.2 Unfaire Taktiken der Gegenseite

Eigentlich sollte es so sein, dass beide Verhandlungspartner fair miteinander umgehen. In manchen Verhandlungen wird allerdings mit allen möglichen Kunstgriffen, mit List und mit Schlägen unter die Gürtellinie versucht, den Verhandlungserfolg auf eine sehr unfaire Art zu erzielen.

Für solche Situationen sollten Sie gewappnet sein. Dazu gehört das Wissen um unfaire Taktiken genauso wie das nötige strategische Rüstzeug, um ihnen zu begegnen.

Vorsicht, Tricks!

Hinter Manipulationsversuchen steckt die grundsätzliche Absicht, einen Vorteil zu erzielen.

Meistens sind das folgende *Verhaltensweisen*:

- Provokation
- Spott
- Ignorieren bzw. Übergehen
- Störungen aller Art
- Beleidigungen
- Taktlose Fragen
- Ironie
- Unglaubwürdig machen
- Moralisieren
- Verschleppen der Verhandlung
- Ablenkungsmanöver

Verwirren und verfälschen

- Verwirrspiele
- Abstreiten der Kompetenz
- Vorwürfe
- Verfälschte Sachverhalte
- Fremde Fachsprache
- Schlechter Sitzplatz (blendendes Licht, niedrigere Sitzposition, ungenügende Akustik usw.)

- Lügen
- Bestechung
- Frei erfundene Autoritäten oder Beweise
- Zeit schinden
- Zermürbungsversuche
- Ständige Themenwechsel

Diese Taktiken zu kennen und darauf gefasst zu sein, ist eine *Grundvoraussetzung für souveräne Reaktionen.*

Entscheidend: die Taktiken kennen

Bleiben Sie gelassen

Unfaire Taktiken kommen einem Angriff auf Ihre Person und damit einer Störung der Beziehung zu Ihrem Verhandlungspartner gleich. Dabei spielt es keine Rolle, ob der andere das absichtlich und bewusst oder unbewusst tut.

Ihre erste Reaktion wird vielleicht sein, dass Sie aus dem Konzept kommen. Manchmal werden Sie möglicherweise nachdenken, was Sie tun sollen, oder Sie geraten in eine regelrechte *Denkblockade*, die Sie total verunsichert.

In all diesen Fällen haben die miesen Tricks der Gegenseite schon die erwünschte Wirkung erzeugt.

Deshalb ist es notwendig, dass Sie sich strategisch auf solche Störfeuer vorbereiten und einstellen. Eine solide Vorbereitung auf die Verhandlung, Ihr Fachwissen und ein strategisches Konzept mit Ihren Zielen, Bedürfnissen und Interessen helfen Ihnen, die *Ruhe* zu bewahren.

Denn grundsätzlich sollten Sie auf solche taktischen Geplänkel am besten gar nicht reagieren. So kann Sie der andere kaum einschüchtern. Vielmehr wird er es sein, der sich abstrampelt, ohne etwas bei Ihnen zu bewirken.

Im weiteren Verlauf der Verhandlung wird er dann wahrscheinlich darauf verzichten, solche unschönen Tricks zu versuchen.

Spielen Sie nicht mit!

So können Sie mit unfairen Taktiken umgehen

WISSENSWERT

Jede Reaktion von Ihrer Seite bedeutet eine Bestätigung für den unfairen Taktierer. Egal ob Sie auf seine Manipulation hereinfallen und unsicher werden oder ob Sie es ihm mit gleicher Münze heimzahlen – in beiden Fällen wird er sie weiter traktieren.

Letzten Endes ist es zwar Ihr Verhandlungspartner, der sich unfair verhält, aber ob er damit Erfolg hat, entscheiden einzig und allein Sie. Deshalb können Ihnen die folgenden Tipps helfen, der Sieger bei solchen taktischen Schlachten zu sein.

CHECKLISTE

So verhalten Sie sich bei unfairen Taktiken Ihres Verhandlungspartners

- Wenden Sie nicht die gleichen Methoden an.
- Bleiben Sie gelassen und zeigen Sie sich souverän.
- Lassen Sie sich nicht auf emotionale Scharmützel ein.
- Gehen Sie nicht in Verteidigungshaltung.
- Geben Sie dem anderen keine Bestätigung.
- Antworten Sie kurz und präzise.
- Bleiben Sie Ihrer Strategie treu.
- Konzentrieren Sie sich auf Ihre Linie.
- Überhören Sie seine Aussagen.
- Bitten Sie freundlich um Wiederholung seiner Aussage.
- Bringen Sie den anderen durch Ihre »Nichtreaktion« aus der Ruhe.
- Machen Sie eine ungeplante Pause.
- Vertagen Sie die Verhandlung auf später.

Angriffe abwehren

Diese Verhaltensrichtlinien gelten besonders für Angriffe auf Sie selbst. Je weniger Sie sie an sich heranlassen, desto sicherer und erfolgreicher können Sie die Verhandlung weiterführen.

Bei einigen Manipulationen Ihres Gegenübers bieten sich so genannte *Abwehrtechniken* an, mit denen Sie die Verhandlung wieder ins richtige Gleis bringen können. Die folgende Tabelle zeigt Ihnen, welche Situationen das sind und wie Sie sich am besten verhalten.

Spezielle Abwehrtechniken

Unfaire Taktik	**So gehen Sie damit um**
Der andere setzt Sie unter Zeitdruck.	▶ Bleiben Sie ruhig und verweisen Sie darauf, dass Sie z. B. erst noch andere Angebote einholen wollen. ▶ Schlagen Sie einen neuen Verhandlungstermin vor.
Ihr Verhandlungspartner verschleppt die Gespräche und weicht ab.	▶ Führen Sie durch gezielte Fragen auf die zentralen Punkte zurück. ▶ Verweisen Sie auf die Tagesordnung. ▶ Bitten Sie den anderen, seine »drängenden« Themen zu notieren und zu einem späteren Zeitpunkt einzubringen. ▶ Gehen Sie auf die angesprochenen unwichtigen Themen nicht ein.
Sie werden dauernd unterbrochen.	▶ Bitten Sie freundlich und höflich, dass der andere Sie aussprechen lassen soll. ▶ Vereinbaren Sie Redezeiten.
Der andere löchert Sie mit aufdringlichen und verfänglichen Fragen.	▶ Bleiben Sie Ihrer Linie treu und geben Sie nur so viele Antworten und Auskünfte, wie Sie wollen. ▶ Lassen Sie sich nicht zu süffisanten oder zynischen Aussagen hinreißen.
Der andere beruft sich auf Autoritäten oder Quellen, um Ihre Aussagen zu zerlegen.	▶ Lassen Sie sich die Quelle genau angeben. ▶ Fragen Sie nach bekannten Autoritäten bzw. bitten Sie um genaue Angaben zu der angeführten Persönlichkeit.

Ergänzen Sie die Tabelle um Beispiele aus Ihrer Erfahrung

Unfaire Taktik	So gehen Sie damit um
Ihr Gegenüber benutzt Fachausdrücke oder unverständliche Abkürzungen.	▶ Haben Sie den Mut und fragen Sie nach. ▶ Lassen Sie sich die Begriffe erklären und veranschaulichen.
Der andere ist unaufmerksam.	▶ Beginnen Sie Ihre Ausführungen mit hinweisenden Einleitungen *(Ich komme nun zum entscheidenden Punkt …; Als Nächstes folgt die eigentliche …)*. ▶ Sprechen Sie ihn mit seinem Namen an. ▶ Setzen Sie Wörter ein, die seine Aufmerksamkeit reizen *(günstig, preiswert, optimal* usw.). ▶ Stellen Sie Fragen. ▶ Schweigen Sie eine Weile. ▶ Machen Sie eine Verhandlungspause.
Ihr Verhandlungspartner zweifelt (grundlos) Ihre Kompetenz an.	▶ Durchschauen Sie dieses Spiel und bleiben Sie ruhig. ▶ Nehmen Sie die Vorwürfe nicht persönlich. ▶ Verweisen Sie auf Ihre Handlungsvollmacht. ▶ Klären Sie durch Fragen, ob er tatsächlich einen Verhandlungsabschluss will.

Unfaire Taktiken rufen Krisen hervor

Im Sinne einer guten, beziehungsorientierten Verhandlungsführung ist es besser, fair und ohne Bandagen oder Mätzchen zu verhandeln. Sie sollten deshalb von sich aus ganz auf solche Taktiken verzichten. Denn werden sie erkannt und durchschaut, drohen Distanz, Krisen und Konflikte. Auf alle Fälle führen sie zu einer Störung der Beziehung und nicht selten auch zu unbefriedigenden Verhandlungsergebnissen.

5.3 Kritische Phasen meistern

Verhandlungen gestalten sich nicht nur schwierig, weil jeder sein eigenes Süppchen kochen will. Während einer Verhandlung kann es zu Spannungen und Reibereien kommen, die ganz unterschiedliche Ursachen haben.

Spannungen während der Verhandlung

Die *Wirkung* allerdings bleibt stets die gleiche. Die Atmosphäre wird kribbeliger, das eigentliche Verhandeln problematischer und die Beziehung wird belastet. Deshalb sollten Sie mit Konflikten und Krisen in Verhandlungen umgehen können. Sie sollten wissen, was Sie erwarten kann, und Strategien kennen, mit denen Sie die Situation bereinigen können.

Darauf sollten Sie gefasst sein

Manchmal ist es der *Ursprungskonflikt*, der sich aus dem Verhandlungsgegenstand ergibt und der von vornherein das Zusammentreffen trübt (Beispiel: Tarifverhandlungen). Hin und wieder eskaliert dieser Grundkonflikt in der Verhandlung noch und steigert sich zu einer harten Auseinandersetzung, bei der niemand etwas gewinnen, aber alle etwas verlieren können.

Auch während einer eher harmlosen Unterredung können *verschiedenste Ursachen* für ein Kippen der Stimmung oder für ein verändertes Verhalten sorgen. Da werden Sie heftig in die Enge getrieben, die Gegenseite zeigt ungeahnte Gefühlsausbrüche von Wutanfällen bis zu Tränen. Oder der andere verliert die Beherrschung, droht Ihnen, wird aggressiv, stellt ein Ultimatum oder es kommt zu verbalen Entgleisungen.

Der Abbruch von Verhandlungen, Streiks oder die Androhung von gerichtlichen Schritten sind überdeutliche Anzeichen für einen Konflikt.

Die größte Gefahr besteht darin, diese Konflikte nicht zu erkennen oder falsch darauf zu reagieren. Zunächst einmal sollten Sie deshalb wissen, an welchen *Signalen* Sie Konflikte in Verhandlungen überhaupt erkennen.

Schärfen Sie Ihre Aufmerksamkeit

Konfliktsignale erkennen

Die wesentlichen Signale sind:

- Es werden Kommunikationskiller eingesetzt.
- Der Kommunikationsstil wird aggressiver.
- Themen werden zerredet.
- Augenkontakt wird vermieden.
- Die Diskussion verhärtet sich und läuft sich fest.
- Es werden Killerphrasen geäußert.
- Es wird unter die Gürtellinie geschossen.
- Der andere unterbricht dauernd.
- Es herrscht ein gegenseitiges Widersprechen.
- Einer belehrt den anderen.
- Die Missverständnisse häufen sich.
- Ironie und Zynismus schleichen sich ein.
- Die Beteiligten hören gar nicht mehr, was der andere sagt.
- Abfällige Bemerkungen und Körpersignale
- Ständiges Rechtfertigen
- Suggestive Gesprächsführung
- Einer beharrt eindringlich auf einer Behauptung.
- Es wird gestritten.
- Wütendes Zusammenpacken der Unterlagen
- Ein Beteiligter springt auf.
- Schreien und anschwellende Lautstärke
- Die Grundhaltung wird feindseliger und weniger kooperationsbereit.
- Eisiges Schweigen
- Es wird gedroht.
- Die Verhandlung ist dem Abbruch nahe.

Konfliktprävention

Die Interessen des anderen kennen

Zunächst können Sie durch gute Vorbereitung und Planung selbst schon eine Menge dazu beitragen, dass Konflikte gar nicht zum Ausbruch kommen. Je mehr Sie über den anderen und seine Interessen und Bedürfnisse wissen, desto leichter können Sie sich auf die Verhandlungssituation einstellen.

Außerdem sollten Sie keine Scheu vor Konflikten entwickeln. Bauen Sie dazu eine positive Einstellung auf. Auch wenn Konflikte auf den ersten Blick unangenehm, aufreibend und unergiebig erscheinen, enthalten sie doch immer auch das Potenzial für die Verbesserung von Beziehungen.

Darüber hinaus helfen Ihnen einige *Ratschläge*, für eine konfliktfreiere Atmosphäre zu sorgen.

CHECKLISTE

So beugen Sie Konflikten vor

Konflikt-verhütung

- Positive Einstellung auf den Gesprächspartner
- Freundliches und offenes Auftreten
- Den anderen öfter mit seinem Namen ansprechen
- Optimismus verbreiten
- Im anderen etwas Positives entdecken
- Die Verhandlung gelassen angehen
- Das Vertrauen der Gegenseite in Ihre Person und in Ihre Verhandlungsbereitschaft stärken
- Auf Übereinstimmungen und Gemeinsamkeiten hinweisen
- Sich gedanklich auf die Position der Gegenseite einlassen (Sie müssen sie dazu nicht teilen)
- Im Verhandlungspartner immer den Menschen und nicht den Konflikt sehen
- Keine Vorurteile auf Ihr Bild vom Gegenüber projizieren
- Den anderen nicht belehren
- Daran denken, dass der andere vor allem darauf bedacht ist, sein Gesicht zu wahren
- Vorschläge mit Argumenten erläutern, aus denen der andere seinen Nutzen erkennen kann
- Unfaire Taktiken unterlassen
- Richtige Aussagen des Gesprächspartners bestätigen
- Geduldig sein

Werden Sie Profi im Umgang mit Konflikten

Konstruktiver Umgang mit Konflikten

Wir sind es gewohnt, Konflikte bzw. die Signale für einen Konflikt als rein negativ einzustufen. Sie machen uns Angst und wir wissen oft nicht, wie wir die Situation wieder zu Harmonie und Zusammenarbeit zurückbringen sollen. Dabei kann ein Konflikt durchaus auch positiv gesehen werden.

EXPERTENTIPP

Entgegen der früheren Scheu vor jeglichen Konflikten wird heute darin auch eine Chance für ein Weiterkommen auf einer »besseren« Ebene gesehen. »Konfliktmanagement« heißt dieses offensive und positive Umgehen mit Konflikten. Dazu müssen sie

- rechtzeitig erkannt,
- richtig analysiert und
- konstruktiv bearbeitet werden.

In diesem Verständnis haben Konflikte ihren Sinn darin, dass sie die bestehenden Widerstände und Unterschiede deutlich machen. So können sie thematisiert und gelöst werden. Letztlich sind Konflikte *unvermeidbar* und nur dann schädlich, wenn sie nicht konstruktiv bearbeitet werden.

Konflikte können nicht einseitig gewonnen werden!

Allerdings steht hier manchmal noch die falsche Meinung im Raum, dass Konflikte einseitig gewonnen werden können. Aber nur bei einer kooperativen Lösung kommt es dazu, dass ein Konflikt auf Dauer behoben wird. Nur wenn beide gewinnen, wird der Konflikt nicht weiter schwelen und die Beziehung gefährden oder sogar zerstören. Das gilt sowohl für den Ursprungskonflikt, der zu der Verhandlung führte, als auch für Konflikte, die in der Verhandlung entstehen.

Hauptsächlich bieten sich für eine »Gewinner-Gewinner«-Lösung folgende Schritte an:

Methode	Vorgehen
Gemeinsamkeiten finden	▶ den bisherigen Fortschritt zusammenfassen und bewusst machen ▶ Suche nach Interessen und Bedürfnissen, die beide Seiten teilen ▶ Verhandlungsziele gemeinsam festlegen ▶ sich auf ein einheitliches Vorgehen einigen ▶ klären, warum für beide diese Verhandlung wichtig ist ▶ Solidarität gegen Dritte herstellen ▶ zusammen Lösungen entwickeln ▶ Einigkeit herstellen, dass beide jetzt ein (gemeinsames) Problem haben ▶ fragen mit der Tendenz zu »Ja-Antworten«, denn jedes Ja erzeugt ein Stück mehr Gemeinsamkeit
Reduktion von Problempunkten	▶ die Einzelthemen in eine Rangfolge bringen. Je nach Ausgangsfrage *(Was ist uns wichtig?* oder *Was lässt sich am leichtesten bewältigen?)* können sich beide Seiten dann auf diese konzentrieren ▶ sich von Prinzipien und scheinbar feststehenden Grundsätzen lösen ▶ größere Themenblöcke in kleinere Abschnitte aufsplitten ▶ Zugeständnisse bei nicht so wichtigen Punkten machen, um weniger Konfliktstoff zu haben
Person und Problem trennen	▶ die Meinung des anderen respektieren ▶ Denken und Handeln des anderen als anders, aber nicht als falsch ansehen ▶ den anderen nicht über das Problem in der Sache zum »Problemmenschen« machen

Stichwort: Gemeinsamkeit

Das gilt auch umgekehrt: Nehmen Sie sachliche Aussagen nicht persönlich

Methoden zur Konfliktlösung

Methode	Vorgehen
	▶ weg vom Positionsdenken, hin zum Beziehungsdenken ▶ keine Revanchegelüste ▶ Problemursachen hinterfragen
Perspektiven-wechsel	▶ versuchen, die Situation aus der Vogelsicht anzusehen ▶ geistig ein paar Schritte zur Seite treten und beobachten ▶ Abstand gewinnen
Rollenwechsel	▶ sich in die Lage des anderen versetzen ▶ seine Sicht- und Denkweisen betrachten ▶ sich selbst als Gegenüber analysieren ▶ Welche Sorgen, Hoffnungen und Emotionen sind vorhanden?
Teileinigungen herbeiführen	▶ unstrittige Punkte vorziehen ▶ Zwischenergebnisse als Basis für den Fortgang der Verhandlung sichern ▶ Akzeptanz herstellen ▶ Einverständnis mit Vorschlägen des Gegenübers zeigen ▶ schriftliche Dokumentation ▶ Verhandlungsbereitschaft und damit Fortsetzung der Beziehung demonstrieren
De-Eskalation betreiben	▶ ruhig bleiben ▶ Verständnis und Einfühlungsvermögen zeigen ▶ nicht zurückschießen ▶ nicht drohen ▶ eine Pause anbieten ▶ nicht auf den Tonfall des anderen einsteigen

Nicht Gleiches mit Gleichem vergelten!

Methode	Vorgehen
	▶ keine verbalen Entgleisungen ▶ Killergesten und -phrasen unterlassen ▶ nicht »in der Wunde« weiterbohren ▶ freundlich und höflich bleiben ▶ kein Negativ-Denken
»Ich-Botschaften« statt »Du-Botschaften«	▶ eigene Aussagen umformulieren ▶ »Ich-Botschaften« – drücken Einstellungen, Meinungen und Befindlichkeiten aus – kann der andere leichter anhören und annehmen – greifen nicht an und verletzen nicht – *Ich empfinde …* – *Mir geht es dabei so …* – *Ich sehe …* – *Ich habe mich missverständlich ausgedrückt …* ▶ »Du-Botschaften« – nimmt der andere leicht als Bedrohung, Anschuldigung, Abwertung oder Missbilligung auf – haben Ablehnung, Widerstand, Aggression und Rachegelüste zur Folge – *Sie haben …* – *Bei Ihnen merkt man, dass Sie …* – *Sie wollen ja nur …* – *Das haben Sie falsch verstanden …*

Formulieren Sie um

Machen Sie im Privatleben die Probe und erleben Sie, womit der andere besser umgehen kann

Besondere Techniken für besondere Fälle

Spezielle Konfliktstrategien

Neben diesen Verhaltensmöglichkeiten für den Konfliktfall gibt es noch einige *besondere Techniken*, die Sie sowohl kennen als auch anwenden sollten.

Denkblockaden aufbrechen

Mit dieser Technik können Sie vor allem festgefahrene Verhandlungen, die in eine Sackgasse zu laufen scheinen, wieder flott bekommen. Zu oft sind beide Seiten auf einen Weg und eine Lösung fixiert, als dass sie Alternativen in Betracht ziehen würden.

Stellen Sie dazu solche Fragen:

- *Was würde passieren, wenn wir doch ...?*
- *Was würde Ihnen denn ein ... bringen?*

Auf diese Weise ergeben sich oft ungeahnte Optionen für Lösungen, die bisher nicht in Betracht gezogen wurden. Zumindest werden auf diese Weise die hinter den Positionen liegenden *Interessen und Bedürfnisse* durchsichtiger.

Der schlimmste Fall

Diese Methode ähnelt der gerade gezeigten, weil Sie auch von einer hypothetischen Entwicklung ausgeht. Dabei stellt man sich jedoch vor, was im schlimmsten Fall passieren würde, wenn z. B. der Vorschlag der einen Seite angenommen wird.

- *Welche Auswirkungen hätte das für Sie, wenn wir ...?*
- *Was wäre denn so schlimm daran ...?*

Damit findet man recht gut die Gründe heraus, die zu ablehnenden Haltungen und Widersprüchen geführt haben. Und es zeigt sich manchmal, dass die Folgen gar nicht so einschneidend wären, wie in der Verhandlungshektik angenommen.

Eine neue Lösungssuche

So ergeben sich nicht selten überraschende Wendungen und Konflikte können ihr Ende in einer gemeinsamen neuen Lösungssuche finden.

Entschärfen durch »Imaging«

Die Beziehung klären

Diese Technik ist etwas aufwendiger und eignet sich für alle Konfliktsituationen. Selbst zu Beginn einer Verhandlung, der ein ernster Konflikt vorausgegangen ist, kann sie eingesetzt werden. Im Grunde wird die Sachverhandlung während dieser Zeit ausgesetzt und eine Art *Beziehungsklärung* vorgenommen.

Das »Imaging« besteht aus *vier Teilschritten*, in denen die Verhandlungsseiten versuchen, das eigene und vor allem das gegnerische Denken und Fühlen besser zu verstehen:

- In der ersten Stufe beschreibt jeder Verhandlungspartner sich selbst, was er fühlt, wie er sich in der Situation sieht.
- Anschließend versucht jeder eine Beschreibung des anderen.
- Im dritten Schritt legt jeder Gesprächspartner dar, wie er glaubt, dass er vom anderen eingeschätzt und gesehen wird.
- Und zum Schluss probiert jeder eine Einschätzung, wie sich der andere wohl selbst sieht.

Damit dieses Verfahren gelingt, sollten die einzelnen Schritte *schriftlich vorbereitet* werden. Wichtig ist auch, dass die Ergebnisse ausgetauscht und gemeinsam diskutiert werden.

Die Folge dieser Methode ist meistens, dass die gegenseitige Einschätzung nicht nur korrigiert wird, sondern auch emotionale Barrieren abgebaut werden.

Auf den (Denk-)Typ eingehen

Eine gar nicht so bekannte Ursache für manche Konflikte ist die am anderen vorbeigehende *Präsentation* der eigenen Aussagen. Denn jeder nimmt das Gesagte anders auf und speichert es auch anders ab.

Dabei zeigen vor allem die Blickrichtung und das Sprachverhalten, in welchem *Wahrnehmungsmodus* sich unser Gegenüber befindet. Es gibt *drei Arten*:

Erinnern Sie sich an die »Motivstrategie« (Seite 85 – 86)

- **Der Visuelle**
  Sein Blick schweift auch mal nach oben ab, so als suche er dort Bilder für das Gesagte. Seine Sprache enthält vor allem Ausdrücke, die

Denktypen

aus dem Bereich des Sehens stammen (z. B. *sehen, erkennen, vorstellen, Überblick*).

- **Der Auditive**
  Er schaut gerne zur Seite, bleibt aber mit dem Blick auf etwa gleicher Höhe. Sein Sprachschatz hat einen Hang zu Wörtern, die das Hören und Sprechen betonen (z. B. *hören, sprechen, sagen, klingen, äußern, formulieren, erzählen, vernehmen, aufnehmen, lauschen*).

- **Der Emotionale**
  Sein Blick geht nach unten und die Wortwahl zeigt sprachliche Betonungen des Gefühls (z. B. *spüren, fühlen, empfinden, ahnen*).

Wenn Sie bei Ihrem Partner einen Hang zu einer bestimmten Art der Aufnahme von Aussagen und Sachverhalten entdecken, können Sie sich gut darauf einstellen und Ihre Argumente und Fragen dementsprechend präsentieren. Bei einem visuellen Typ sprechen Sie z. B. in Farben, Bildern, Vorstellungen und Beispielen. Auch empfiehlt es sich hier besonders, mit *Anschauungsmaterial* zu arbeiten.

Dem Auditiven bieten Sie Worte, Aussagen, Statements und stellen »klanglich« eine gemeinsame Basis her. Für den Emotionalen sind es vor allem Gefühle, die Sie beschreiben und ansprechen können.

Damit erreichen Sie eine bessere Akzeptanz bei Ihrem Verhandlungspartner. Zugleich fühlt er sich von Ihnen verstanden und mögliche Konflikte werden entschärft oder entstehen gar nicht erst.

WISSENSWERT

Eine umstrittene Methode

Die Wirksamkeit dieser Methode ist umstritten. Manche Forschungsergebnisse kommen zu dem Schluss, dass diese Typisierungen gar nicht möglich sind. Andere, vor allem Vertreter des »Neuro-Linguistischen Programmierens« (NLP), schwören auf diese Technik der übereinstimmenden Kommunikation.

Probieren Sie es selbst aus und testen Sie, ob Sie damit bessere Ergebnisse erzielen.

Die »paradoxe Reaktion«

Die Erwartungen enttäuschen

Das ist eine sehr originelle und äußerst wirksame Strategie. Dazu verhalten Sie sich genau entgegengesetzt zu den Erwartungen Ihres Gegenübers. Den Kern bildet die Absicht, den anderen durch Ihr Verhalten so zu überraschen, dass er aus dem Konflikthandeln geworfen wird. Statt noch Öl ins Feuer zu gießen, wechseln Sie gewissermaßen die Ebene und bauen den Konflikt nicht auf, sondern ab.

Der andere wird beispielsweise unbewusst und aus Erfahrung damit rechnen, dass Sie auf seine persönlichen Vorwürfe mit ebensolchen antworten. Sie aber sprechen z. B. von seinen Vorzügen. Oder der andere kommt zu einem Verhandlungstermin in der Erwartung, dass – wie schon in der Vergangenheit – sofort hart zur Sache gegangen wird. Sie aber servieren ihm stattdessen ein tolles Essen mit allen Schikanen, bei dem Sie über »schöne Dinge«, den Urlaub oder Kultur sprechen.

EXPERTENTIPP

Denken Sie sich selbst einige mögliche paradoxe Reaktionen aus und probieren Sie sie im privaten Bereich einmal aus. Beobachten Sie die Reaktion des anderen und die Wirkung auf das Gespräch.

AKTIONSPLAN

Wenn es problematisch wird

So gehen Sie besser mit Krisen und Konflikten in Verhandlungen um

Im Folgenden sind die Kernprobleme auf den Punkt gebracht. Entscheiden Sie, wo Sie aktiv werden müssen, und setzen Sie die vorgeschlagenen Maßnahmen um.

1. Das Hauptproblem in Verhandlungen ist für Sie der persönliche Umgang mit dem Verhandlungspartner.

Haben Sie solche Sorgen?

Nein.

Ja, sie sehen so aus:

____

____

Vorschläge zur Lösung des Problems:

Siehe dazu:

- Verbessern Sie Ihr Gesprächsverhalten ständig. (Seite 30 – 65)
- Arbeiten Sie an Ihrem Machtbewusstsein. (Seite 20 – 27)
- Stellen Sie sich auf Ihre Gesprächspartner ein. (Seite 67 – 93 und Seite 126 – 136)

Beginn der Maßnahmen: ab sofort

Erfolgskontrolle: nach 4 Wochen

Ergebnis: ____________________________

Mögliche Maßnahmen bei anfänglichem Misserfolg:

- Testen Sie Ihr Verhandlungsprofil und finden Sie die Punkte, bei denen Sie Nachholbedarf haben. ▶Seite 15 – 18
- Werden Sie sicherer im Umgang, indem Sie sich verstärkt damit auseinander setzen, wie Sie kritische Phasen meistern können. ▶Seite 86 – 91 und Seite 137 – 147
- Besuchen Sie ein Kommunikationstraining. Am besten sollte dort aktiv mit Video-Feedback geübt werden.
- Erstellen Sie sich für die nächste Verhandlung vorher eine Liste mit allen Punkten, die Sie an Ihrem Verhandlungspartner als störend, gefährlich oder problematisch erwarten. Gehen Sie die einzelnen Punkte durch und analysieren Sie jeweils, ob die Besorgnis begründet ist und worin die Ursachen für Ihre Einschätzung liegen.

2. Der Ablauf von Verhandlungen schreckt Sie vor allem deswegen, weil selten fair verhandelt wird und zu viele problematische Momente enthalten sind.

Trifft das Ihre Sicht auf Verhandlungen?

Nein.

Ja, denn ich erlebe sie häufig auf diese Weise:

____

____

Vorschläge zur Lösung des Problems:

- Sehen Sie sich an, was Verhandlungen grundsätzlich sind. ▶Seite 12 – 15
- Klären Sie, wie Sie Verhandlungen strategisch auf eine weniger konfliktreiche Basis stellen können. ▶Seite 100 – 107

Seite 132 – 136
- ▶ Stellen Sie sich auf unfaires Verhalten ein.

Seite 137 – 147
- ▶ Werden Sie fit für den Umgang mit kritischen Verhandlungsphasen.

Beginn der Maßnahmen: ab sofort

Erfolgskontrolle: nach 5 Wochen

Ergebnis: ______________________________

Mögliche Maßnahmen bei anfänglichem Misserfolg:

Seite 67 – 79
- ▶ Bereiten Sie sich gut auf jede Verhandlung vor. Insbesondere über Verhandlungsstil und Vorgehen der Gegenseite sollten Sie sich gut informieren.
- ▶ Lernen Sie mit Konflikten konstruktiv umzugehen, indem Sie an Seminaren zu diesem Thema teilnehmen.
- ▶ Versuchen Sie im Alltag souveräner in Konfliktsituationen zu werden. Halten Sie sich die dort errungenen Erfolge vor Augen, wenn Sie in die nächste Verhandlung gehen.

Wenn Sie diese Probleme erfolgreich bewältigt haben, können Sie entweder direkt zu Kapitel 6 übergehen oder Sie blättern zurück zur »Situationsanalyse« und beschäftigen sich dort mit Punkt 6.

Aus Fehlern lernen

6

In diesem Kapitel erfahren Sie, wie Sie Konflikten vorbeugen können, indem Sie aus Fehlern lernen.

Hüten Sie sich z. B. vor einem allzu schnellen Einschlagen des Klageweges, der meist nur zu höheren Kosten und schlechteren Geschäftsbeziehungen führt. Erkennen Sie die Vorteile der Konfliktbereinigung über das persönliche Gespräch.

Und wenn Ihr Unternehmen Mist gebaut, den Geschäftspartner vielleicht sogar geschädigt hat, ist ein konstruktives und auf Dialog ausgerichtetes Konfliktmanagement besonders wichtig. Hier erfahren Sie, wie Sie mit einer kundenorientierten und auf Verhandlung basierenden Vorgehensweise den Schaden begrenzen und die Beziehung stabilisieren können.

Ziel des Kapitels: Sie lernen, Fehlern vorzubeugen und mit schon gemachten Fehlern angemessen umzugehen

Konflikte gehören bei Geschäftsbeziehungen beinahe schon zum Alltag. Oftmals liegen die Ursachen dafür in schlecht geführten Verhandlungen oder in vertraglich nicht genau festgelegten Verhandlungsergebnissen.

Leider ziehen nicht alle daraus die richtigen Schlüsse. Oft kommt es gar nicht zu vorausschauendem *Fehlermanagement*. Und so machen einige denselben Fehler immer wieder. Das sieht in der Praxis bei uns z. B. so aus, dass bei Verfehlungen der Gegenseite fast automatisch auf Anwälte und Gerichte zurückgegriffen wird. Auch wenn die dabei erzielten Ergebnisse häufig ungenügend sind, wird auf künftige Beziehungen keine Rücksicht genommen und nur das kurzfristige Ziel des »Rechthabens« angepeilt.

Fehlermanagement ist notwendig

Typische Konflikte

Wesentlich Erfolg versprechender ist es, bereits bei der Verhandlung durch entsprechende Festlegungen eine *reibungslose Vertragserfüllung* vorzubereiten. Dazu gehört eine faire Verhandlungsführung ebenso wie die schriftliche Dokumentation der Vereinbarungen.

Und wenn es doch einmal nicht klappt, sollten nicht gleich die schärfsten Waffen ausgepackt werden. Manchmal erreicht man mit persönlichen Gesprächen selbst dann noch etwas, wenn die Vertragserfüllung gestört und die Geschäftsbeziehung belastet ist.

Aber auch dieses Fehlverhalten wird gerne immer wieder praktiziert: Bei eigener Schuld wird abgeblockt und der Geschäftspartner mit schlechtem Krisenmanagement noch mehr vergrault. Lernen Sie, was es heißt, dabei souveräner zu werden.

6.1 Klassische Konfliktherde

Viele Probleme sind hausgemacht

In Geschäftsbeziehungen gibt es selten Ruhepunkte, an denen alles perfekt läuft. Allerdings sind viele Störungen, Probleme und Schwierigkeiten hausgemacht. Mangelhafte Verhandlungsführung, schlechte Umgangsformen, fehlende oder irritierende Kommunikation und Fehler beim Fixieren von Verhandlungsergebnissen sind die Ausgangspunkte.

Sie werden ein Lied davon singen können, wie konfliktreich Geschäftsbeziehungen sein können. Die Probleme sind zwar je nach Branche und Stellung verschieden, haben aber auch Gemeinsamkeiten.

ÜBUNG

Welche Konflikte kennen Sie?

Notieren Sie Konflikte in Geschäftsbeziehungen, die Sie aus Ihrem Berufsalltag kennen.

____

____

Lösungsansatz

Die Liste der möglichen Konflikte dürfte ziemlich lang sein. Hier sind die bekanntesten:

Die häufigsten Konflikte

- Die Ware oder Leistung wird nicht bezahlt.
- Die Zahlung erfolgt nur teilweise.
- Verspätete Zahlung
- Die gelieferte Ware oder Leistung ist mangelhaft.
- Es fehlen Teile der georderten Ware.
- Die Ware wird nicht angenommen.
- Zahlungsunfähigkeit
- Betrug
- Details werden nicht geliefert oder so erbracht wie ausgemacht.
- Täuschung
- Ein Verhandlungspartner hält sich nicht an vereinbarte Punkte.
- Es wird zu spät geliefert.
- Es werden nur Teile geliefert.

Konflikte sollten nicht das Ende von Geschäftsbeziehungen bedeuten

Ursachenforschung betreiben

- Es wird das Falsche geliefert.
- Hinhaltetaktik
- Leere Versprechen
- Kompetenzen und Zuständigkeiten sind unklar.

Damit die Konfliktherde nicht zu groß werden und Sie Ihre Geschäftskontakte immer mehr optimieren, sollten Sie aus Fehlern lernen. Dazu sollten Sie einerseits die *Ursachen* genau analysieren. Finden Sie heraus, was und wer die Störung herbeigeführt hat. Aber klären Sie auch, warum es dazu gekommen ist.

Andererseits sollten Sie darauf hinarbeiten, dass diese Fehler möglichst nicht mehr passieren. Stellen Sie dazu einen *detaillierten Maßnahmenplan* auf.

FALLBEISPIEL

Andrea Moll ist die Leiterin der Einkaufsabteilung eines großen Bekleidungshauses. In der letzten Zeit haben sich verspätete Lieferungen der Ware von den Uhland Bekleidungswerken gehäuft. Auch hat die Qualität der Bekleidung spürbar nachgelassen und immer öfter tauchen Mängel an Nähten und Knöpfen auf. Sie geht der Sache auf den Grund.

Zunächst einmal betreibt sie eine gründliche *Ursachenforschung*. Sie geht die bestehenden Verträge durch, rekapituliert die vergangenen Verhandlungen und spricht mit ihrem Mitarbeiter, der für die Annahme der Lieferungen zuständig ist. Anschließend versucht sie bei den Uhland Bekleidungswerken nachzuforschen, was hinter den Mängeln liegt.

Analyseergebnisse

Dabei stellt sich Folgendes heraus:

Bei den Verhandlungen im letzten Sommer hat Frau Moll mit dem Vertriebsleiter der Bekleidungswerke aufgrund höherer Abnahmemengen, des Hinweises auf andere Hersteller, die sie an der Hand habe, und eines etwas härteren Verhandlungsstil deutlich günstigere Bedingungen herausgeholt.

Daraufhin hat das Bekleidungswerk versucht, den finanziellen Ausfall durch Einsparungen bei den Transportkosten abzufangen.

Deshalb haben sie die Produktion in ihrem Zweigwerk in Tschechien erhöht und in ihrem Hauptwerk im Harz gedrosselt. Das Gros der gelieferten Ware stammt nun aus Tschechien und wird auch mit einer dortigen Spedition zur Firma von Frau Moll gefahren.

Die Qualitätsmängel sind auf die geänderte Produktionsstätte zurückzuführen, während die Lieferzeitprobleme durch die tschechische Spedition und die damit verbundenen Schwierigkeiten zu erklären sind.

Da weder Qualität noch Lieferdetails bisher ein Problem dargestellt hatten, waren sie auch nicht Thema bei der Verhandlung im letzten Sommer gewesen. Da hatte sich Frau Moll einfach auf den bisherigen Standard verlassen.

Die Fehlerursache

Frau Moll hat gut recherchiert und die Ursachen schnell gefunden. Neben der Beseitigung der Probleme sollte sie jetzt aber darangehen, aus dem Konflikt ihre Lehren zu ziehen.

ÜBUNG

Was muss geändert werden?

Notieren Sie, was Sie an Frau Molls Stelle in Zukunft ändern würden.

Denken Sie an alle relevanten Punkte zum richtigen Verhandeln

Schlussfolgerungen aus der Analyse ziehen

Lösungsansatz

Im Einzelnen könnten die Maßnahmen von Frau Moll so aussehen:

- Überprüfen des eigenen Verhandlungsstils
- Künftige Verhandlungen so führen, dass der Verhandlungspartner nicht – in die Enge getrieben – auf »Notlösungen« zurückgreifen muss
- Sich mehr mit der Situation und Lage des Verhandlungspartners befassen
- Mehr auf gemeinsame Interessen achten
- Den finanziellen Aspekt nicht überbewerten
- Ergebnisse von Verhandlungen noch konkreter in Verträgen festhalten
- Der Mitarbeiter in der Lieferannahme soll jede Lieferung sowohl umgehend als auch gründlich untersuchen. Fehlende Teile oder mangelhafte Qualität soll er sofort melden, damit schnell moniert werden kann.
- Mit der Bekleidungsfabrik einen Gesprächstermin vereinbaren, damit über die Mängel und Lieferverzögerungen gesprochen und gemeinsam eine Lösung erreicht werden kann

Sie sehen, dass es im Geschäftsleben wichtig ist, aus seinen Fehlern zu lernen. Dazu gehört auch, dass Sie auf Reibungsverluste oder Probleme reagieren, die in Ihrem Umfeld vorkommen. Sei es, dass einer Ihrer Mitarbeiter der Verursacher von Ausschuss oder gespannten Beziehungen ist – sei es, dass sich ein Verhandlungspartner als unzuverlässiger Geschäftspartner herausstellt.

Konflikte kosten Zeit und Geld

Immer sind Sie gefordert, Ihre Verhandlungsprozesse und alles, was dazugehört, zu optimieren. Denn je weniger Zündstoff es gibt, desto besser. Schließlich kostet jeder Konflikt *Zeit und Geld*.

Umgekehrt eröffnet jeder Geschäftskonflikt aber auch die Möglichkeit, künftige Kosten zu sparen. Denn er bietet die Chance, Ihre Geschäftsprozesse, Produktionsbedingungen und den Service weiter zu verbessern. Sehen sie deshalb Fehler- und Konfliktmanagement als Instrumente der Qualitätssicherung bzw. -verbesserung an.

6.2 Möglichkeiten zur Vorbeugung

Verhandlungen führen häufig zu Konflikten

Selbst wenn es auf den ersten Blick nicht so scheint, so resultiert doch die Mehrzahl der Schwierigkeiten in Geschäftsbeziehungen direkt oder indirekt aus Verhandlungen. Sollte Ihr Geschäftspartner sich als hinterhältiger Betrüger herausstellen und seine Zahlungsunfähigkeit Sie sogar schädigen oder stellt Sie sein Lieferverhalten oder sein Umgang mit Schwierigkeiten vor ernste Probleme, dann haben Sie möglicherweise schlecht verhandelt.

Denn gut verhandeln heißt auch, dass Sie sich gründlich informiert haben. *Auskünfte über den Geschäftspartner* sind obligatorisch und gehören einfach dazu. Aber auch das Beobachten seiner *bisherigen Geschäftspraxis* im Hinblick auf Zahlungsmoral, Lieferpräzision und anderes ist wichtig.

Außerdem sollte Ihnen das Gespräch Gelegenheit gegeben haben, den anderen zu »durchschauen«. Fragen und zuhören sind die probaten Mittel dafür, wobei Sie über die Deutung seiner Körpersprache manchmal schon Hinweise auf Lüge, Betrug oder Unzuverlässigkeit erhalten.

Vielleicht haben Sie auch im Hochgefühl eines sich abzeichnenden guten Abschlusses nicht genug auf Details oder die exakte Formulierung von Verträgen geachtet. Da passiert es sehr leicht, dass unbedachte Äußerungen zu Missverständnissen oder zusätzlichen Zugeständnissen führen.

Hinter all den möglichen Problemen in den Geschäftsbeziehungen stecken also meistens *dieselben Ursachen*: Verhandlungen wurden ungenügend vorbereitet oder durchgeführt und die Ergebnisse ungenau fixiert.

Reaktionsempfehlung

Prüfen Sie bei den Konflikten, die Sie auf Seite 152/153 gesammelt haben, ob und wieweit vorausgegangene Verhandlungen dafür verantwortlich sind.

Selbstreflexion ist ungemein hilfreich

Fehler am Ende der Verhandlungen vermeiden

Fehler in der Verhandlungsführung

Gegen Ende jeder Verhandlung sind die Beteiligten in der Regel froh, dass sie ihr Gespräch zu einem Ergebnis gebracht haben. Da wird dann gerne Tempo gemacht. Und man nimmt die Sorgfalt für die Festlegung der übereinstimmenden Aussagen und Vereinbarungen auf die leichte Schulter.

Gerade darin und in der Tatsache, dass bei »hartem« Verhandlungsstil manche Verlierer mit Revanchegelüsten aus der Verhandlung gehen, liegen die *Hauptursachen für Konflikte*, die aus Verhandlungen resultieren.

Legen Sie deshalb gegen Ende der Verhandlung Wert darauf, dass das Ergebnis Bestand hat und für eine positive Weiterentwicklung Ihrer Geschäftsbeziehungen sorgen kann. Denn der Abschluss einer Verhandlung ist nicht das Ende, sondern erst der Anfang. Nun muss sich zeigen, ob die verhandelten Ergebnisse umgesetzt werden.

Sorgen Sie darum dafür, dass Sie möglichst die folgenden Punkte umsetzen bzw. als Auslöser für künftige Konflikte vermeiden.

Revanchegelüste

Wenn Sie hart verhandeln und aus dem anderen alles herauspressen, was Sie haben wollen, dann sollten Sie sich nicht wundern, wenn der Schuss nach hinten losgeht.

Nicht nur, dass dadurch jede künftige Geschäftsbeziehung belastet ist. Der Unterlegene wird sehr wahrscheinlich auch Möglichkeiten suchen, um das Verlorene auszugleichen oder zumindest etwas Gewinn zu machen. Als Lieferant z. B. wird er zwar zum vereinbarten niedrigen Preis liefern, aber etwa bei der sicheren Verpackung sparen oder zu einer ungünstigen Zeit mit der Ware auftauchen. Der Schaden und der Konflikt schaffen für Sie Unannehmlichkeiten.

Den anderen das Gesicht wahren lassen

Verhandeln Sie also so, dass der andere auch etwas mit nach Hause nehmen kann. Geben Sie ihm ein »Bonbon«, selbst dann, wenn Sie glauben, dass Sie ihn in der Hand haben. Er sollte sein Gesicht wahren, mit dem Ergebnis leben und es auch in seinem Unternehmen vertreten können.

EXPERTENTIPP

Hüten Sie sich davor, den Verhandlungspartner restlos in die Knie zu zwingen. Es ist bekannt, dass derjenige, dem kein Ausweg mehr bleibt, so lange kämpft, bis er den anderen auch geschädigt hat.

Übrigens: Am Ende einer Verhandlung sollten Sie nicht in Jubelgesänge ausbrechen und dem anderen zu verstehen geben, wie klar Sie ihn besiegt haben. Solche Demütigungen verzeiht niemand.

Auf dem Boden von Recht und Moral

Was ist zulässig?

Ein großes Feld für Konflikte und immensen Schaden ist der Bereich dessen, was rechtlich und moralisch zulässig ist und was nicht. Da sollten Sie besonders aufpassen.

Sie selbst sollten nicht zu solchen Mitteln greifen:

- Falsche Darstellung von Sachverhalten
- Betrug
- Vage Versprechen
- Lügen
- Bestechung
- Schamlose Übertreibungen
- Verheimlichen wichtiger Tatsachen
- Spionage
- Diebstahl

Auch sollten Sie Verhandlungen mit Partnern nicht fortführen, die solche Methoden an den Tag legen. Die Konflikte sind hier vorprogrammiert. Denken Sie dabei nicht nur an materielle und rechtliche Folgen, sondern auch an den *Schaden für Ihren Ruf* und für das Image Ihres Unternehmens.

Falle: Scheinlösungen

Es gibt Verhandlungssituationen, da erliegt man – um endlich zum Abschluss zu kommen – leicht der Versuchung, einer Lösung zuzustimmen, die man gar nicht akzeptiert. Das hat oft zur Folge, dass einer der Verhandlungspartner die Ergebnisse nur widerwillig oder gar nicht umsetzt.

Halten Sie sich stets Ihre eigenen Ziele vor Augen

Die Details müssen geklärt werden

Die große Gefahr von solchen Scheinlösungen liegt in der momentanen Schwäche: Müdigkeit, Langeweile und zähes Ringen sorgen für eine solche Situation, in der eine Seite bereit ist, zuzustimmen, obwohl sie damit später ganz und gar nicht zufrieden ist.

Damit weder Sie noch Ihr Partner in diese Situation kommen, sollten Sie – neben der Möglichkeit von Pausen und Verhandlungsunterbrechungen – darauf achten, dass

- alle Möglichkeiten genau überprüft worden sind
- beide Seiten der Lösung tatsächlich inhaltlich und in den Details zustimmen
- die Lösung auch realisierbar ist
- beide Seiten sich die Lösung vorstellen können
- beide Seiten wissen, welche Folgen und Auswirkungen diese Lösung für sie hat
- beide bereit sind, diese Lösung tatkräftig und wie vereinbart umzusetzen

Das können Sie am besten durch gezielte Fragen herausfinden. Fragen Sie sich aber auch selbst, ob es um eine reale oder eine Scheinlösung geht. Letztere sind selten dauerhaft und führen oft zu Konflikten in der Folgezeit.

»Der Teufel steckt im Detail«

Grundsätzlich sind sich beide Verhandlungspartner einig, und weil ihr Verhältnis durch diese gemeinsame Basis so gut erscheint, verlassen sie die Verhandlung, ohne Einzelheiten zu klären.

Hier öffnet sich eine Vielzahl von Möglichkeiten für spätere Konflikte. Seien es die genauen Zahlungsmodalitäten, der Termin für die Dienstleistung, die Garantiebedingungen oder die Festlegung von zusätzlichen Serviceangeboten – wenn es konkret wird, brodelt es zwischen den Partnern. Der eine glaubte, dass 2 % Skonto obligatorisch seien, der andere ging von Sofortzahlung ohne Abzug aus.

Details schriftlich fixieren

So kann das ganze Geschäft, zumindest aber die Folgebeziehung schwer gestört werden. Deshalb sollten Sie darauf achten, auch die *Details* zu fixieren und nicht davon ausgehen, dass sie sich schon ergeben würden oder bekannt seien. Klären Sie alle relevanten Punkte zu Ihrer Verhandlung. Halten Sie sie in einer gemeinsamen Erklärung fest und prüfen Sie, ob der andere sie auch genauso verstanden hat wie Sie.

EXPERTENTIPP

Fehlt die Zeit für die Klärung der Details oder sind sie zu umfangreich für eine Verhandlungsphase, dann sollten Sie eine Grundsatzvereinbarung abschließen. Darin wird darauf hingewiesen, dass die Einzelheiten noch geklärt werden. Nehmen Sie allerdings die Modalitäten für diesen weiteren Verhandlungsschritt bereits in die Grundsatzvereinbarung auf: wer mit wem wann und zu welchen Punkten weiter verhandelt.

Die Grundsatzvereinbarung

Wenn Sie trotz aller Vorsicht doch einmal entdecken, dass eine Verhandlung nicht so gelaufen ist, wie Sie sich das vorstellen, sollten Sie *Ursachenforschung* betreiben. Suchen Sie die Punkte, an denen es schief gelaufen ist, und legen Sie für die Zukunft fest, was Sie besser machen wollen.

Am hilfreichsten ist so eine *Fehleranalyse*, wenn Sie sie schriftlich festhalten. Sie können die folgende Tabelle dafür benutzen.

Beschreibung der Situation	**Eigenes Fehlverhalten**	**Künftiges Verhalten**

Betreiben Sie konstruktives Fehlermanagement

Die Unterzeichnung des Vertrages

Eine solche Visualisierung hilft Ihnen, Ihr Augenmerk darauf zu richten, in Zukunft in bestimmten Punkten anders vorzugehen, auf andere Details zu achten oder mehr Sorgfalt auf bestimmte Vertragsinhalte zu verwenden.

Fehlerquelle Verträge

Jede Verhandlung sollte damit enden, dass das Ergebnis in schriftlicher Form festgehalten wird. Das kann z. B. in einem *Protokoll* geschehen, das beide Seiten unterzeichnen. Damit bestätigen die beteiligten Parteien den Verhandlungsverlauf und die beschlossenen Punkte so, wie sie aufgeschrieben sind.

Sollten Sie ohne schriftliche Übereinkunft aus der Verhandlung gehen, empfiehlt es sich, ein *Bestätigungsschreiben* mit den relevanten Punkten an Ihren Geschäftspartner zu senden. Darin sollten alle Rechte und Pflichten festgehalten sein. Antwortet Ihr Verhandlungspartner übrigens nicht auf dieses Schreiben, gilt das als Zustimmung und die Vereinbarung ist abgeschlossen.

Die wohl am häufigsten gewählte Möglichkeit ist die *Unterzeichnung eines Vertrages*. Es gibt je nach Branche, Inhalt, Zweck und Struktur eine ganze Reihe verschiedener *Vertragstypen*, z. B.:

Vertragstypen

- Kaufvertrag
- Zuwendungsvertrag (z. B. Schenkung)
- Werkvertrag (z. B. Reparatur, Bauen)
- Dienstleistungsvertrag (z. B. Arbeitsvertrag, Beratung)
- Gebrauchsüberlassungsvertrag (Miete, Pacht, Leihe)
- Vertriebsvertrag (z. B. Kommission, Handelsvertretung, Franchising)
- Kreditvertrag
- Gesellschaftsvertrag (z. B. GmbH, AG)

WISSENSWERT

Ein eigenes Vertragsrecht gibt es in Deutschland nicht, d. h., es existiert kein Gesetz, in dem alles über Verträge systematisch zusammengefasst wäre. Das Grundgesetz legt in Artikel 2, Absatz 1 fest, dass jeder mit jedem für alle Lebensverhältnisse einen Vertrag abschließen kann (»Vertragsfreiheit«).

Ansonsten spielen eine Reihe öffentlicher Rechte und das Privatrecht eine Rolle. Das Bürgerliche Gesetzbuch (BGB) z. B. regelt Rechtsgeschäfte, Schuldverhältnisse und den Kauf.

Rechtliche Grundlagen

Da es viele unterschiedliche Anlässe für Verträge gibt, ist es nicht einfach, einen »Idealvertrag« aufzustellen, denn es werden jeweils andere Kriterien einfließen. Aber Sie sollten auf die folgenden Punkte besonders achten.

CHECKLISTE

Das sollten Verträge beinhalten

- Die Vertragsparteien mit Firma und Anschrift
- Den Vertragsgegenstand
- Die gemeinsam festgelegten Punkte
- Die Pflichten der jeweiligen Partner
- Eine Definition wichtiger Begriffe und Sachverhalte
- Preise, Kosten und Zahlungsmodalitäten
- Was bei Nichterfüllung passiert
- Die Vertragsdauer
- Alle sonstigen vereinbarten Details
- Datum und Unterschrift

Klären Sie z. B. mit der Rechtsabteilung und anderen Abteilungen, welche Inhalte schriftlich festgehalten werden müssen. Analysieren Sie bereits existierende Verträge auf relevante Vertragspunkte. Und bedenken Sie, dass Sie bereits vor der Verhandlung sicher sein sollten, was im Abschlussvertrag stehen soll.

Auch Berufsverbände helfen weiter

So bekommen Sie Auskünfte über Ihren Geschäftspartner

EXPERTENTIPP

Damit Ihr Vertrag vor Gericht Bestand hat, muss er diese Kriterien erfüllen:

- Das Angebot wurde akzeptiert.
- Es muss ein Ausgleich vorhanden sein (Prinzip der Beiderseitigkeit).
- Die Vertragspartner müssen berechtigt sein, einen Vertrag abzuschließen.
- Der Vertrag muss mit den herrschenden Gesetzen in Einklang stehen.
- Die Vertragspartner müssen »authentisch«, also selbst unterzeichnet haben.
- Formvorschriften für bestimmte Zwecke müssen beachtet sein (z. B. notarielle Beurkundung für Gesellschaftsvertrag bei einer GmbH).

Was Sie sonst noch unternehmen sollten

Die *Gründe für Fehler* sind vielfältig: keine Zeit für ausreichende Recherchen und Vorbereitungen, ein Verhandlungspartner, der uns mit seiner »süßen« Art eingewickelt hat, oder ganz einfach der gute Glaube daran, dass alle anderen Menschen auch so ehrlich sind wie wir selbst.

Sollten Sie damit schon Erfahrungen gesammelt haben, so werden Ihnen die folgenden Hinweise nützlich sein. Und sollten Sie bisher Glück gehabt haben, dann vielleicht deshalb, weil Sie diese Punkte bereits beachtet haben.

Finanzen und Geschäftsgebaren

Denn damit Ihnen unliebsame Überraschungen erspart bleiben, sollten Sie sich gut auf die Verhandlung und den Partner vorbereiten. Dazu gehört insbesondere, dass Sie sich mit der *finanziellen Situation* und dem *Geschäftsgebaren* der Gegenseite befassen.

Auskünfte über Ihren Partner einholen

Vor allem, wenn Sie einen größeren Deal mit Ihrem Verhandlungspartner abwickeln wollen, empfiehlt sich eine Prüfung seiner Bonität. Dabei können Sie auf unterschiedliche Quellen zurückgreifen:

Die Bonität prüfen

- **Schuldnerregister beim Amtsgericht**
  Darin sind alle Personen festgehalten, die als zahlungsunfähig gelten und bei denen dies auch per Gesetz festgestellt worden ist (sog. »Offenbarungseid«).

- **Auszug aus dem Handelsregister**
  Den können Sie beim Amtsgericht anfordern, in dessen Bezirk sich der Sitz der zu überprüfenden Firma befindet.

- **Wirtschaftsauskunfteien**
  Dort erhalten Sie Informationen über Unternehmen, aber auch über Personen. Sie können von reinen Kreditauskünften bis zu genaueren Daten über die wirtschaftliche Lage reichen. Die Gebühren unterscheiden sich erheblich.

- **Die Schutzgemeinschaft für Abzahlungskäufe (»Schufa«)**
  Hierbei handelt es sich um ein Schuldnerregister, in dem Privatpersonen aufgelistet sind, die Kredite aufgenommen haben. Aus der Auskunft ersehen Sie Art und Höhe der Zahlungsverpflichtungen Ihres Partners. Außerdem ist dort vermerkt, ob bereits Vollstreckungsmaßnahmen gegen ihn durchgeführt worden sind.

- **Auskunft über Ihre Hausbank**
  Manchmal kann man Ihnen dort wertvolle Hinweise geben.

- **Auskunft aus dem Gewerberegister**
  Solche Auskünfte erteilen örtliche Wirtschafts- und Ordnungsbehörden. Das können Ämter für Wirtschaftsförderung ebenso sein wie Industrie- und Handelskammern oder Handwerkskammern. Manchmal bringt Sie auch eine Anfrage bei einem entsprechenden Berufsverband weiter. Die Inhalte der Auskünfte sind unterschiedlich. Sie reichen von Beschäftigten- und Umsatzzahlen bis zu detaillierten Angaben über Geschäftsfeld und -gebaren.

Machen Sie sich diese Mühe, um vor unliebsamen Überraschungen sicher zu sein

Zahlungsprobleme rechtzeitig erkennen

Erkennen Sie selbst Gefahren

Sie können allerdings auch von sich aus einiges tun, um riskante Geschäftspartner auszumachen. Dazu sollten Sie sich das bisherige Verhalten der anderen Seite ansehen und auf Unregelmäßigkeiten oder Veränderungen achten.

Ganz besonders in diesen Fällen sollten Sie hellhörig werden und weitere Nachforschungen anstellen:

Anzeichen	Mögliche Ursachen	Das sollten Sie tun
Ihr Partner verkauft zu niedrigen Preisen und arbeitet mit auffällig vielen Sonderangeboten.	▶ Er hat Zahlungsprobleme. Deshalb heißt es für ihn: Verkauf um jeden Preis.	▶ Fragetechniken einsetzen, um die Hintergründe zu klären ▶ keine großen Lieferungen vereinbaren ▶ Lieferung nicht auf Kredit ausführen ▶ möglichst Sofortzahlungen fordern
Die Anschrift hat sich verändert.	▶ Wegen Zahlungsproblemen wurde der Ort gewechselt. ▶ Unlauteres Verhalten hat zu Unglaubwürdigkeit geführt.	▶ über eine Auskunftei Näheres in Erfahrung bringen ▶ über geschickte Fragen mögliche Hintergründe herausfinden
Die Bankverbindung hat sich geändert: ▶ andere Bank ▶ weitere Bank	▶ Probleme mit der Hausbank ▶ Kreditwürdigkeit gefährdet ▶ Liquidität angeschlagen	▶ Bankauskünfte einholen ▶ die Kreditwürdigkeit prüfen ▶ die Auskunftei beauftragen ▶ die Aufträge bzw. die Zusammenarbeit drosseln ▶ die Hintergründe erfragen

Anzeichen	Mögliche Ursachen	Das sollten Sie tun
Die Zahlungsmodalitäten werden gewechselt.	▶ Probleme mit der Zahlungsfähigkeit ▶ Kreditrahmen ausgeschöpft ▶ finanziell enge Lage	▶ Hinterfragen Sie die Ursachen. ▶ Fordern Sie mehr Sicherheiten. ▶ Verringern Sie die Auftrags- bzw. Lieferhöhe.

Reaktionsempfehlung

Seien Sie auf alle Fälle auf der Hut. Auch wenn die genannten Signale nicht alle Risikobereiche abdecken, sollten Sie einen Anhaltspunkt dafür gefunden haben, wie wichtig es ist, den Partner zu durchleuchten. Gehen Sie allerdings stets sorgsam und zurückhaltend vor!

Die Hintergründe klären

Besser, Sie klären erst die *Hintergründe*, um keinen guten Partner zu vergraulen, bloß weil er die Bank gewechselt hat und der eigentliche Grund seine Unzufriedenheit mit seiner Hausbank war. Weitergehende und möglicherweise einschränkende Maßnahmen sollten Sie erst ergreifen, wenn die andere Seite tatsächlich Anlass dazu bietet und Sie sich dessen sicher sein können.

Stellen Sie Ihre Rechnungen richtig

Im Geschäftsleben dreht sich fast alles ums Geld. Auch die aus Verhandlungen resultierenden Zahlungsverpflichtungen sind eine heikle Sache, die nicht selten zu Problemen führen. Fehler wachsen sich hier leicht zu größeren Konflikten aus. Deshalb lernen Sie daraus und vermeiden Sie sie.

Zahlungsverpflichtungen aus Verhandlungen müssen Sie auf alle Fälle *dokumentieren*. Nur so haben Sie einen ausreichenden Beleg in der Hand. Außerdem sollten Sie den Partner für eine prompte Bezahlung »begeistern«. Dazu können Sie diese Möglichkeiten nutzen:

»Helfen« Sie Ihrem Partner beim Bezahlen

- **Bieten Sie Skonto an**
  Das ist ein finanzieller Anreiz für Ihren Geschäftspartner, die Rechnung rasch zu bezahlen. Weisen Sie deshalb in der Verhandlung

Vor Gericht gehen?

ausdrücklich auf diese Möglichkeit hin. Und vermerken Sie diesen Punkt auch auf der Rechnung. Sollte Ihnen an zügiger Zahlung liegen, so lassen Sie den Hinweis auf Skonto nicht nur klein gedruckt auf Ihren Rechnungen anbringen. Damit er wirksam ist, muss er ins Auge springen.

- **Formulieren Sie einen genauen Zahlungszeitraum**
  Am besten funktioniert das, wenn Sie ein festes Kalenderdatum angeben. Es sollte unbedingt auch optisch hervorstechen. Fettdruck oder Unterstreichen sind Möglichkeiten der markanten Darstellung. Die Festlegung und Dokumentierung eines genauen Zahlungszeitraums *(zahlbar bis)* hat auch für ein eventuell notwendiges *Mahnverfahren* Vorteile.

- **Legen Sie fertige Überweisungsträger bei**
  Ein bereits ausgefülltes Formular erspart Aufwand und bringt den einen oder anderen dazu, die Forderung schneller zu begleichen. Auch erspart es das lästige Suchen nach der Bankverbindung, die oft sehr klein am unteren Ende einer Rechnung angebracht ist.

6.3 Die Anwälte haben das Wort

Geschäfte machen ist keine Sache, die ohne Schwierigkeiten abgeht. Allzu oft werden gute Ansätze und Verhandlungsergebnisse durch die Realität überholt. Der Konflikt ist unausweichlich und der Weg zu den juristischen Instanzen scheint vorgezeichnet.

Dass dies nicht immer der beste Weg ist, wissen manche aus leidvoller Erfahrung. Sie haben den Fehler begangen und zu rasch die juristische Lösung gesucht. Die Geschäftsbeziehung ist im Eimer, es sind zum Teil erhebliche Kosten angefallen und auch der Ruf wird manchmal dadurch geschädigt.

Eskalationsstufen

Deshalb sollte genau geprüft werden, mit welchen *Stufen der Eskalation* man auf welche Art von Störung in der Geschäftsbeziehung antwortet. Manchmal ist nämlich ein erneutes Gespräch mit dem Partner erfolgreicher und erzeugt weniger »Verlust« als der Gang vor Gericht.

Eine typische Situation

FALLBEISPIEL

Die Reber AG ist ein mittelständisches Unternehmen, das verschiedene Getränke herstellt und vertreibt. Seit Jahren hat die Maschinenfabrik Klenze gute Beziehungen zur Reber AG und liefert stets die gewünschten Anlagen.

Wenn eine gute Beziehung »kippt«

So auch vor drei Monaten, als die neue Abfüllstraße mit großem Aufwand eingebaut und in Betrieb gesetzt wurde. Das Auftragsvolumen belief sich inklusive aller Service- und Bereitstellungsarbeiten auf 17,5 Millionen DM. Allerdings wartet die Maschinenfabrik noch auf die Zahlung von knapp 8 Millionen DM aus diesem Geschäft. Sie sind bereits überfällig.

Im Laufe der letzten Wochen hat es darüber einen regen Austausch gegeben:

- Anruf des Justiziars der Maschinenfabrik beim Prokuristen der Reber AG, wo die 8 Millionen bleiben. Der versicherte, die Leitung zu informieren und auf Zahlung zu drängen.
- Schreiben, mit dem der Justiziar der Maschinenfabrik den Inhalt des Telefonats festhielt und erneut auf Zahlung drängte. Zur Sicherheit fügte er entsprechende Gesetzestexte und Vertragsinhalte an.
- Kurze Mitteilung der Reber AG, mit der der Termin für die Verhandlungen über einen Auftrag für die Lieferung einer Flaschenspülanlage ohne Begründung abgesagt wurde
- Mahnung der Maschinenfabrik, wobei Mahnkosten und Zinsen mit aufgelistet und gefordert wurden
- Gegenrechnung der Reber AG, in der sie Schadensersatz für das nicht ordnungsgemäße Funktionieren eines Anlagenmoduls in Höhe von 2,4 Millionen DM und den sofortigen kostenlosen Austausch der Anlage fordert
- Schreiben des Produktionsleiters der Maschinenfabrik, dass das Problem nicht in der Anlage, sondern in der fehlerhaften Bedienung durch das Personal der Reber AG liege

Hier kriselt es bedenklich

Und nun hat mit einem sehr formellen und unpersönlichen Schreiben der neue Geschäftsführer der Maschinenfabrik der Leitung der Reber AG mit gerichtlichen Schritten gedroht, falls der ausstehende Betrag nicht binnen zehn Tagen beglichen wird. Das Verhältnis der beiden Firmen ist stark getrübt.

Es gärt im Verhältnis der beiden Firmen. Jahrelange gute Beziehungen haben nicht verhindern können, dass die Lage eskaliert ist. War das notwendig?

ÜBUNG

Was würden Sie tun?

Alternativen finden

Beurteilen Sie das Verhalten der Maschinenfabrik und geben Sie Alternativen an, falls Sie selbst nicht so vorgegangen wären.

Lösungsansatz

Bei guten Geschäftspartnern sollten Störungen im Geschäftsverkehr auf keinen Fall zur Verschärfung der Beziehung führen. Sicher sind 8 Millionen DM Außenstände keine »Peanuts« und auch die Maschinenfabrik steht unter Kostendruck, sodass sie die Außenstände so schnell wie möglich eintreiben will.

Besonders wenn noch Gegenforderungen kommen, scheint das Fass kurz vorm Überlaufen zu sein. Trotzdem sollte in einem solchen Fall nicht gleich eine so harte Linie (weiter-)verfolgt werden.

Besser wäre ein Gespräch zwischen der Geschäftsführung der Maschinenfabrik und der Reber AG gewesen. Dort hätten als Erstes der Zahlungsverzug angesprochen und die Ursachen hinterfragt werden müssen. Auch die Probleme mit dem Anlagenmodul hätten da Platz gefunden, wenn sie nicht schon vorher thematisiert und angepackt worden wären.

Was in einem Gespräch zu klären gewesen wäre

Missverständnisse sind schnell entstanden, Verletzlichkeiten und Zorn folgen sehr schnell. Auch ein Defekt kann mal auftreten oder sonst ein Problem. Aber es sollte doch eines nicht vergessen werden: die *Kommunikation* miteinander. Sie ist das probateste Mittel, um Konflikten vorzubeugen, sie zu entschärfen und die Beziehung wieder auf eine solide Basis zu stellen.

In einem solchen Gespräch sollte übrigens auch nicht die Schuldzuweisung im Mittelpunkt stehen. Besser ist es, aus der eigenen Situation heraus auf die Notwendigkeit der Zahlung hinzuweisen. Und möglicherweise wäre eine Verhandlung über die weitere Vorgehensweise nützlich gewesen.

Dabei hätten zum Beispiel *andere Konditionen* ausgehandelt werden können:

- Teilzahlungen
- Spätere Zahlung mit entsprechenden Kreditzinsen
- Abtretung von Forderungen
- Hilfe bei der Kreditsuche
- Bürgschaften

Gemeinsam nach tragfähigen Lösungen suchen

Besser verhandeln als verklagen

Vielleicht hätte es ja sogar schon gereicht, miteinander zu reden und zu erfahren, dass der Defekt an der Anlage der Grund für die nicht bezahlte Rechnung war. In einer fairen Verhandlung hätten sich dann bestimmt Wege aus dieser Krise finden lassen.

Verhandeln oder verklagen?

Das Fallbeispiel ist aus dem Leben gegriffen und kein Einzelfall. Vielleicht haben auch Sie schon leidvolle Erfahrungen in einem ähnlichen Fall gemacht. Ärger, Kosten und eine gestörte, wenn nicht gar beendete Geschäftsbeziehung waren die Folgen. Ziehen Sie Ihre Lehre daraus! Es gibt sehr häufig Möglichkeiten, bevor der Rechtsweg beschritten werden muss.

Denn das Einschalten eines Anwalts bedeutet in aller Regel bereits eine Verschärfung des Konfliktes. Meist folgt auf eine anwaltliche Aktivität der einen Seite eine ebenfalls von einem Anwalt getragene Reaktion der anderen. Die Gangart wird schärfer.

Für Anwälte steht die *juristische Sachlage* im Vordergrund. Wie die weitere Entwicklung sich auf Ihr Verhältnis zu Ihrem Geschäftspartner auswirkt, haben Anwälte meistens nicht im Auge.

EXPERTENTIPP

Bedenken Sie auch, dass aus einer juristischen Auseinandersetzung *Folgekosten* entstehen, die den eigentlichen Streitwert noch übersteigen können. Bevor Sie sich dafür entscheiden, sollten Sie sich deshalb unbedingt mit den Gebühren und Kosten befassen, um ein Bild davon zu erhalten, wie sie sich auswirken können. Anwaltskammern und Gerichte sagen Ihnen die genauen Gebührensätze.

Und überlegen Sie auch, wie sich ein Streitverfahren auf das Bild Ihres Unternehmens in der Öffentlichkeit auswirken kann.

Der Griff zum Telefon

Wenn Ihnen die Geschäftsbeziehung etwas wert ist und Sie aus der Krise doch noch Positives ziehen wollen, dann greifen Sie erst einmal zum Telefon und *vereinbaren Sie ein Gespräch* mit dem zuständigen Entscheider auf der Gegenseite. Machen Sie nicht den Fehler, die Situation selber noch eskalieren zu lassen. Betrachten Sie dieses Gespräch wie eine erneute Verhandlung, bereiten Sie sich darauf vor, wählen Sie eine Strategie und streben Sie eine Lösung an.

Eine neue Verhandlung

Vor allem gehen Sie positiv an die neue Verhandlung heran. Eine Verstärkung des Konfliktes durch hartes Vorgehen bringt selten den gewünschten Erfolg, aber oftmals noch mehr Kosten und Ärger. Die Erfahrung zeigt, dass auf die »sanfte« Weise meistens mehr herausgeholt werden kann.

CHECKLISTE

So lösen Sie Konflikte in Ihren Geschäftsbeziehungen konstruktiv

- Suchen Sie das Gespräch.
- Warten Sie nicht mit Ihrer Reaktion.
- Vereinbaren Sie einen Termin.
- Bestätigen Sie den Termin und auch den Anlass in einem kurzen Schreiben.
- Stellen Sie alle Unterlagen zusammen.
- Dokumentieren Sie alle relevanten Fakten.
- Bereiten Sie sich innerlich auf das Gespräch vor.
- Arbeiten Sie auf eine Kooperationsstrategie hin.
- Begegnen Sie Ihrem Geschäftspartner freundlich.
- Bleiben Sie höflich.
- Beschuldigen Sie nicht.
- Verwenden Sie »Ich-Botschaften«.
- Denken Sie stets daran, dass Sie eine »friedliche« Lösung anstreben.
- Entwickeln Sie die Lösung möglichst gemeinsam.
- Setzen Sie faire Fristen.
- Klären Sie alle strittigen Punkte.
- Halten Sie die Vereinbarung schriftlich fest.
- Überwachen Sie die Einhaltung.

Zeigen Sie Ihrem Geschäftspartner, dass Sie es ernst meinen

Eigene Fehler

Sollten Sie auf diesem Wege keinen Erfolg erzielen, dann steht Ihnen immer noch das übliche Vorgehen offen. Sie können den Anwalt einschalten, das Mahnverfahren betreiben, ein Inkassounternehmen mit dem Eintreiben finanzieller Forderungen beauftragen oder sogar klagen.

EXPERTENTIPP

Allerdings sollte die sanfte Vorgehensweise nur dann benutzt werden, wenn Ihr Geschäftspartner mitzieht. Verschleppt er das weitere Vorgehen, sagt ständig vereinbarte Termine ab oder verschärft seine Gangart immer mehr, dann sollten Sie nicht zu lange abwarten.

6.4 Ihre Seite hat Fehler gemacht

Jedes Unternehmen ist von seinen Geschäftsbeziehungen abhängig. Das ist mehr als eine Binsenweisheit. Allerdings haben manche Unternehmen das erst schmerzhaft erfahren müssen. Sie haben Kunden verprellt, sich stur gestellt, Prozesse geführt und viel Geld für anschließende »Wiedergewinnungsmaßnahmen« ausgegeben. Allzu leichtfertig waren sie zuvor mit Kunden, Lieferanten, Subunternehmern und anderen Geschäftspartnern umgegangen.

Wie Sie Ihren Geschäftspartner behalten

Abwiegeln verschärft die Situation

Gerade wenn sich Störungen einschleichen, die ein Unternehmen selbst zu vertreten hat, verfahren viele noch nach der alten Methode des Abwiegelns. Reklamationen werden einfach abgeblockt, es wird auf Verträge verwiesen oder der schwarze Peter wird schnell dem anderen zugeschoben.

FALLBEISPIEL

Ein Kunde lässt Dampf ab

Gerlinde Pangerl war vom Anruf eines Großkunden ziemlich getroffen. Denn der Kunde hatte ganz schön Dampf abgelassen und sich sehr ungebührlich benommen.

Aha, Sie sind Frau Pangerl. Wahrscheinlich noch so eine unfähige Pseudo-Computer-Spezialistin. Sie und Ihre Schrottfirma können mir langsam gestohlen bleiben. Bei uns liegt alles lahm. Bloß wegen Ihrer nicht funktionierenden Software. Wo haben Sie denn diese Technik her? Von den Fidschi-Inseln?

Herr Balko, ich bin nicht Ihre Mülldeponie. Also lassen Sie diesen Ton. Sonst müsste ich Ihnen noch eine Beleidigungsklage anhängen. Sie haben ja eine unverschämte Art an sich. So geht es nun auch nicht.
Frau Pangerl war auf 180.

Ach was. Das ist mir doch egal. Bei uns ist die ganze Produktion heruntergefahren. Nichts geht mehr und Sie kommen mir mit guten Manieren.

Herr Balko, ich bin mir sicher, dass der Fehler gar nicht bei uns liegt. Aus Erfahrungen mit anderen Kunden wissen wir, dass nur die fehlerhafte Bedienung zu solchen Totalausfällen führen kann.

Sie sind ja eine ganz Oberschlaue. Und meine Mitarbeiter sind anscheinend zu dumm, um Ihre Software zu benutzen. Dann verkaufen Sie doch keinen solchen Mist.

Herr Balko, die FAD-ZENT ist eine einwandfreie Software. Der MP7-Steuermodus ist so eingerichtet, dass weitere WAVE- und AVI-Komponenten ohne Probleme angedockt werden können. Die Kompatibilität mit allen herkömmlichen Systemen ist in vielen Versuchen belegt …

Ein Riesenreinfall und wir haben den Ausfall. Das ist mir in meinem ganzen Leben noch nicht passiert …

Hören Sie, Herr Balko, da liegt sicher nur ein Steckfehler in Ihrer CPU vor. Das ließe sich leicht korrigieren. Wenn Sie bei der Installation gut genug aufgepasst hätten, wäre das sowieso nicht passiert …

Sie und Ihr Computer-Kauderwelsch. Das versteht schon keiner. Und die ganze Technik drumherum erst recht nicht. Aber damit ist Schluss. Mit Ihnen machen wir nicht mehr weiter. Alle weiteren Aufträge sind storniert.

Mit Abwiegeln können Sie nicht gewinnen

Eine strategische Lösung suchen

Herr Balko, Sie wissen, dass Sie das nicht können. Wir haben einen Vertrag. Sie haben doch selbst mit unserem Geschäftsführer verhandelt. Und wie ich weiß, haben Sie dabei recht gute Bedingungen herausgeschlagen.

Das ist ja wohl das Letzte! Was gehen Sie meine Verhandlungen an? So, aber jetzt ist Schluss. Die Restzahlungen können Sie auch vergessen. Ich zahle keinen Pfennig mehr ... Ihren Vertrag? Den können Sie sich sonst wo hin hängen ...

Herr Balko, ich schicke jetzt einen Servicetechniker vorbei. Der kann etwa in vier Stunden bei Ihnen sein. Dann sehen wir ja weiter. Ich hoffe, dass Sie sich entschuldigen, wenn wir Ihnen beweisen, dass der Fehler bei Ihren Mitarbeitern lag.

Sofort hat Frau Pangerl einen Experten losgeschickt, der die Sache aufklären soll. Denn sie ist sicher, dass nur ein Bedienungsfehler dahinter stecken kann. Ist das erst einmal klar, wird der Kunde besänftigt sein und zu Kreuze kriechen.

ÜBUNG

Verhaltensbeurteilung

Welche Fehler finden Sie?

Beurteilen Sie das Vorgehen von Frau Pangerl.

Lösungsansatz

Eine heikle Situation, wie sie oft genug vorkommt. Leider hat Frau Pangerl den Konflikt nicht gelöst. Ja, sie hat nicht einmal etwas unternommen, um den verärgerten Kunden zu besänftigen. Ungeachtet seiner emotionalen »Schieflage« ist sie auf seine verbalen Rundumschläge eingestiegen, hat sich verletzt und herausgefordert gefühlt. Sie hat zurückgeschossen und keinerlei Verständnis für den Geschäftspartner gefunden. Im Gegenteil: Sie hat den Konflikt sogar angeheizt und durch sachliche, viel zu komplizierte Aussagen zum Produkt an der momentanen Gefühlslage ihres Gegenübers vorbei geredet.

Den Kunden besänftigen

Für Frau Pangerl besteht der einzige Handlungsbedarf darin, dem Kunden zu zeigen, dass er bzw. seine Mitarbeiter das Problem selbst verursacht haben. Sie geht davon aus, dass dann die Sache erledigt und der Kunde besänftigt sein wird.

Aber Frau Pangerl begeht damit einen folgenschweren Fehler. Denn hier haben wir eine Krisensituation vor uns, die nach einer *strategischen Lösung* verlangt. Sie hätte konstruktives Konfliktmanagement betreiben und den Grundsatz der *Kundenorientierung* beherzigen müssen. Dazu wären ein persönliches Gespräch und das emotionale Verständnis für die Probleme des Kunden unverzichtbar gewesen.

Kunden-orientierung

Das ist auch im Sinne ihrer eigenen Firma. Denn der Kunde will schließlich alle Aufträge und die Restzahlungen stornieren. Ein Servicemann löst das noch nicht. Auch der Verweis auf bestehende Verträge wird den Konflikt nur weiter komplizieren und den Geschäftspartner vergraulen. Aufwendige und kostenträchtige Gerichtsverfahren werden zusätzlich für Zündstoff sorgen.

Damit Ihnen die Bedeutung des Geschäftspartners und des Schadens bewusst wird, der aus seiner Unzufriedenheit entstehen kann, sollten Sie die folgenden Fragen prüfen:

- Wollen Sie sich kundenfreundlich präsentieren?
- Wie viel Geld steht auf dem Spiel?
- Welchen Zeiteinsatz bedeutet die Konfliktlösung?
- Müssen eventuell gerichtliche Auseinandersetzungen befürchtet werden?

Geben Sie sich selbst klare Antworten

Der Umgang mit wütenden Menschen

- Welche finanziellen Auswirkungen hat es, wenn der Partner die Geschäftsbeziehung abbricht?
- Wie groß wären die Folgen für die zukünftige Beziehung?
- Was muss eingesetzt werden, um den Ausfall durch Werbung neuer Partner auszugleichen?
- Wie stark ist die Multiplikatorwirkung des unzufriedenen Geschäftspartners?
- Kann er andere Geschäftspartner negativ beeinflussen?
- Kann das Firmenimage in der Öffentlichkeit Schaden nehmen?
- Welche Lösungen könnten ihn zufrieden stellen?

So gehen Sie strategisch richtig vor

Jeder unzufriedene, wütende oder zornige Mensch ist in einer besonderen Verfassung. Sein *Wahrnehmungsvermögen* ist eingeschränkt und nur auf den Konflikt konzentriert. Sachargumenten ist er da schon gar nicht zugänglich.

Darauf müssen Sie sich einstellen. Das gilt vor allem dann, wenn Sie die Beziehung weiter aufrechterhalten wollen – ungeachtet der Tatsache, ob der Fehler nun tatsächlich bei Ihnen lag oder der andere ihn nur da vermutet.

Grundsätzlich sollten Sie in solchen Situationen das Gegenüber in seiner emotionalen Erregung abfangen und zur Senkung des *Konfliktdrucks* beitragen. Dazu eignet sich eine »sanfte Strategie«.

CHECKLISTE

So gehen Sie mit emotional geladenen Geschäftspartnern um

Die »sanfte« Strategie

- Lassen Sie den anderen seine Wut und seinen Zorn aussprechen.
- Nehmen Sie seine Gefühle und Sorgen ernst.
- Halten Sie Ihre Gefühle im Zaum, indem Sie die Vorwürfe nicht persönlich nehmen.
- Zeigen Sie sich verständnisvoll.

Stichwort: Kommunikation

- Hören Sie aufmerksam zu.
- Beachten Sie die Grundregeln der Kommunikation.
- Verwenden Sie keine Ironie.
- Widersprechen Sie nicht.
- Entschuldigen Sie sich.
- Reagieren Sie nicht mit Sachargumenten auf Gefühlsausbrüche des anderen.
- Sprechen Sie auch in einer aufgeladenen Atmosphäre in normaler Lautstärke und Geschwindigkeit.
- Die Schuldfrage ist sekundär.
- Blocken Sie nicht ab, indem Sie dem anderen die Schuld an dem Problem geben.
- Machen Sie keine Bemerkungen, die den anderen noch mehr reizen.
- Verniedlichen Sie den Vorfall nicht.
- Bringen Sie keine Gegenvorwürfe.
- Protzen Sie nicht mit der Bedeutung Ihres Unternehmen oder Ihrem persönlichen Ruf.

EXPERTENTIPP

Für eine gute Geschäftsbeziehung gilt immer:
Die Beseitigung der Mängel oder Probleme ist wichtiger als die Klärung der Schuldfrage.

Wenn Sie dem Geschäftspartner Gelegenheit gegeben haben, seinen Ärger loszuwerden, ist schon ein Stück Konfliktlösung geschafft. Idealerweise haben sie durch Ihre *Blitzableiterfunktion*

- die negative Einstellung Ihres Partners etwas abgemildert
- eine persönlichere und damit auch lösungsfreundlichere Atmosphäre geschaffen
- ein Stück Vertrauen zurückgewonnen
- die Bereitschaft für eine gemeinsame Lösung geweckt

Betreiben Sie aktives »Beschwerdemanagement«

Strategische Schadensbegrenzung

Jetzt geht es an den zweiten Teil strategischer Schadensbegrenzung. Zeigen Sie sich als verantwortlicher und zuverlässiger Partner. Finden Sie sich mit dem unzufriedenen Geschäftsfreund zu einer Klärung zusammen. Falls das nicht sofort möglich ist, vereinbaren Sie einen Termin. Richten Sie sich dabei und bei der Ortswahl möglichst nach seinen Bedürfnissen, um das Vertrauensverhältnis nicht erneut zu belasten.

Für das Zusammentreffen sollten Sie sich alle nötigen Informationen beschaffen. Bereiten Sie sich gut darauf vor und erarbeiten Sie schon vorab *Lösungsalternativen*. Denken Sie dabei nicht zu engstirnig oder bürokratisch.

Ganz wichtig ist es, den Geschäftspartner an der Lösungsfindung zu beteiligen. »Gemeinsam« ist die Zauberformel, die Ihre Beziehung wieder verbessert, vielleicht sogar noch stärker macht. Auch hier sollten Sie viel fragen und zuhören. Zunächst, um das Problem als solches zu verstehen, und dann, um eine maßgeschneiderte Behebung des Konflikts anstreben zu können.

Es sollte auf alle Fälle eine »Gewinner-Lösung« für Ihren Geschäftspartner herauskommen. Und fällt Ihre Entschädigung bzw. Wiedergutmachung etwas größer aus, als der Partner erwartet hat, haben Sie ihn in den meisten Fällen zurückgewonnen.

Oftmals ist es sogar so, dass eine *großzügige Schadensbehebung* dazu führt, Ihr Unternehmen in der Öffentlichkeit in ein positiveres Licht zu stellen. Denn der Geschäftspartner wird das auch gegenüber anderen vermitteln *(Die von XY sind kulant. Fehler können ja überall mal passieren, aber die sorgen für Abhilfe und kümmern sich darum.)*.

EXPERTENTIPP

Selbstverständlich lassen sich manche Konflikte auch am Telefon klären.

Das sollten Sie allerdings nur bei Kleinigkeiten tun. Der persönliche Kontakt spielt bei einer konstruktiven und dauerhaften Behebung von Fehlern in der Regel eine ganz entscheidende Rolle.

Das Telefon ersetzt nicht den persönlichen Kontakt!

Ziehen Sie Ihre Lehren daraus

Konflikte und Krisen lassen uns in der Regel erst einmal zurückschrecken. Wir wollen am liebsten gar nichts damit zu tun haben. Aber sie haben auch ihr Gutes, denn aus Fehlern lernen wir. Und nur so können wir zielgerichtet Verbesserungen für die Zukunft anstreben.

Aus den negativen Reaktionen Ihrer Geschäftspartner gewinnen Sie trotz allem auch positive Aspekte. Denn Sie erfahren, wo es hakt, wo etwas schief läuft oder wo Ihre Ansprüche hinter der Realität zurückbleiben. Solche Signale in Form von Konflikten sind *Warnzeichen*. Wenn Sie sie erkennen, sollten Sie alles tun, um diese Defizite abzubauen: Sie können ganz unterschiedliche Bereiche betreffen:

Warnzeichen erkennen!

- Ihren Verhandlungsstil
- Ihre Verhandlungsstrategie
- Ihre Fähigkeit, andere richtig einzuschätzen
- Ihre Kommunikationsfähigkeit
- Wie Sie Argumente finden und benutzen
- Wie Sie Zugeständnisse machen
- Wie Sie auf Konflikte reagieren
- Wie sorgfältig Sie Verträge abschließen
- Wie Sie mit Problemen umgehen
- Taktiken, die Sie anwenden
- Mit wem Sie Geschäfte machen

Tauchen Schwierigkeiten auf, sollten Sie auf Klärung, Verbesserung und Weiterentwicklung zielen. Die tägliche Übung und *das ständige Reflektieren Ihres Verhaltens* gehören unbedingt dazu. Aber Sie sollten auch Ihre Mitarbeiter in diesen Prozess der Qualitätssteigerung einbeziehen. Denn auch sie sorgen für gute Geschäftskontakte.

Wenn Ihre Lieferabteilung Mist baut, den Sie regeln müssen, dann sollten Sie versuchen, Abhilfe zu schaffen. Nicht nur, indem Sie dem Kunden gegenüber die Verantwortung übernehmen und ihm eine zufrieden stellende Lösung bieten; sondern auch, indem Sie dafür Sorge tragen, dass solche Schnitzer nicht mehr passieren.

Nur wenn Sie Lehren daraus ziehen, hat der Konflikt einen Sinn

Steigerung der Qualität ist kein bloßes Schlagwort. In einer Zeit, wo sich Produkte kaum noch unterscheiden, werden der Service und die

Die Mitarbeiter einbinden

Güteklasse immer wichtiger. Damit Ihre Mitarbeiter dabei mitziehen, sollten Sie sie in die Problemanalyse genauso einbinden wie in die Entwicklung von Verbesserungen. Machen Sie ihnen bewusst, dass ihr eigener Arbeitsplatz auch davon abhängt, wie gut die Geschäftsbeziehungen sind.

Freundlichkeit und ein hohes Maß an Kundenorientierung sollten zum Standard gehören und nicht bloße Lippenbekenntnisse sein. Die Förderung von *Verbesserungsvorschlägen* bringt da einiges, ebenso die Dokumentation von Unternehmensprozessen durch Ihre Mitarbeiter. Denn sie erkennen oft besser, wo und warum Abläufe nicht wie vorgesehen funktionieren.

»Change Management«

WISSENSWERT

Viele Fachleute sehen gerade im Prozessveränderungsmanagement (»Change Management«) die Hauptaufgabe für Führungskräfte. Allerdings beklagen die gleichen Experten, dass viele Manager zu sehr bürokratische Verwalter und zu wenig kreative Gestalter sind.

AKTIONSPLAN

Aus Fehlern lernen

Wie Sie aus Fehlern in Ihren Geschäftsbeziehungen lernen können

Im Folgenden sind die Kernprobleme auf den Punkt gebracht. Entscheiden Sie, wo Sie aktiv werden müssen, und setzen Sie die vorgeschlagenen Maßnahmen um.

Ihr Umgang mit Geschäftspartnern und den daraus resultierenden Problemen verläuft nach Standard: Sie setzen auf die harte Linie.

Verfahren Sie so?

- [ ] Nein.
- [ ] Ja, weil ich davon ausgehe:

____

____

Vorschläge zur Lösung des Problems:

Siehe dazu:

- Überdenken Sie die Auswirkungen auf künftige Geschäfte mit diesem Partner und auf potenzielle Geschäftsbeziehungen. ▶ Seite 152 – 157
- Lernen Sie, strategischer mit solchen Situationen umzugehen. ▶ Seite 157 – 182
- Befassen Sie sich mit Strategien, die den anderen zum Gewinner machen, und erfahren Sie, welche positiven Effekte das haben kann. ▶ Seite 100 – 121

Beginn der Maßnahmen: ab sofort

Erfolgskontrolle: nach 3 Wochen

Ergebnis: ________________________________

Mögliche Maßnahmen bei anfänglichem Misserfolg:

- Resümieren Sie Ihre Geschäftskontakte, bei denen Sie die Eskalation verschärft haben. Listen Sie in einer Art Bilanzkonto auf, was Sie dabei gewonnen und was Sie verloren haben. Vergleichen Sie die Werte miteinander.
- Sollten Sie öfter zu juristischen Schritten greifen, prüfen Sie, ob Sie nicht Fehler in einem bestimmten Stadium der Verhandlung gemacht haben.

Seite 12 – 27

- Setzen Sie sich mit Wesen und Ziel von Verhandlungen auseinander. Checken Sie, ob Ihre Einstellung vielleicht zu machtorientiert ist.

Weiterführende Literatur

Birkenbihl, Vera F., Kommunikationstraining. Zwischenmenschliche Beziehungen erfolgreich gestalten, Landsberg am Lech, 19. Auflage 1997, mvg-Verlag (Hilft die eigene Kommunikationsfähigkeit zu verbessern)

Breunig, Gisbert, Professionell verhandeln, Planegg, 2. Auflage 1998, WRS Verlag Wirtschaft, Recht und Steuern (Ein Ratgeber in Kurzform mit den wichtigsten Elementen des Verhandelns)

Edmüller, Andreas und Wilhelm, Thomas, Argumentieren. Sicher – treffend – überzeugend, Planegg 1998, WRS, Verlag Wirtschaft, Recht und Steuern (Ein Trainingsbuch für bessere Argumente)

Finch, Brian, 30 Minuten für professionelles Verhandeln, Offenbach 1999, Gabal Verlag (Liefert in kurzer Zeit das Wesentliche zum Verhandeln)

Gommlich, Florian und Tieftrunk, Andreas, Mut zur Auseinandersetzung: Konfliktgespräche, Niedernhausen 1999, FALKEN Verlag (Enthält alles zum Thema »Konflikte in Gesprächen lösen«)

Hodgson, Jane, Das souveräne Verhandlungsgespräch, Niedernhausen 1998, FALKEN Verlag (Bietet einen anschaulichen Einstieg in das Thema mit vielen Details)

Lewicki, Roy J., Hiam, Alexander und Olander, Karen O., Verhandeln mit Strategie, St. Gallen/Zürich 1998, Midas Management Verlag (Ein umfassendes Handbuch, das kaum einen Bereich des Verhandelns ausspart)

Martin, David M., Erfolgreiche Verhandlungstaktiken, Niedernhausen 1997, FALKEN Verlag (Zeigt, wie Verhandeln im Alltag und in Berufssituationen funktioniert)

Reilly, Leo, Höllisch gut verhandeln, Landsberg am Lech, 2. Auflage 1999, mvg-Verlag, (Mit vielen Tipps und Beispielen vor allem zu Kauf- und Verkaufsverhandlungen)

Wedel, Thomas, Außenstände professionell einziehen, Regensburg 1998, Walhalla Fachverlag (Alles Wissenswerte zu Mahnungen und gerichtlichen Auseinandersetzungen mit einschlägigen Gesetzestexten)

Register

Abschluss 119 – 121
Abwehrtechniken 135
Aktives Zuhören 49 – 51
Alternativen 26, 27, 61
Angebot 111 – 116
– prüfen 115 – 116
– Strategien 112 – 115
– Timing 114 – 115
Angewohnheiten 60
Anpassung 105 – 107
Argument 79 – 86
– Bausteine 80
– finden 81 – 83
– nicht stimmige 80
– Regeln 83
– unterstützen 85
Atmosphäre 91 – 93
Autorität 26

Belohnung 21
Bestätigungsschreiben 162
Blickkontakt 56
Blitzableiterfunktion 179
Brainstorming 82

Change Management 182
Charisma 22

Denkblockade 133, 144
Denktyp 145 – 146
Details 160 – 161
Dialog 30
Drohungen 21

Eigene Fehler 174 – 182
– strategisches Vorgehen 178 – 180
Einstellung 14
Einwände 86 – 93
– Bedeutung 87
– Reaktionsmöglichkeiten 90 – 91
– voraussehen 88 – 91
Entscheidungspunkt 119
Erfolgsbewusstsein 25
Eröffnungsangebot 112

Feedback 54
Fehlannahmen 43
Fehleinschätzung 70 – 73
– Ursachen 71 – 73
Fehleranalyse 161
Fehlermanagement 151 – 184
– Maßnahmen 156
– Vorbeugung 157 – 168
Fragen 44 – 49

Fragen
– Einsatzmöglichkeiten 46 – 47
– Nutzen 45
– Typen 46 – 47
Fragestrategie 48
Fragetechniken 87

Gefühlsebene 41
Gehaltsverhandlung 18
Geistiges Rollenspiel 93
Gerichtliche Schritte 168 – 174
– Folgen 172
Gesprächspartner
– schwierige 126 – 131
– Typen 126 – 130
Gesprächsprofil 33 – 38
Gesprächsverhalten 31 – 38
– Test 33 – 38
Gestik 57
Gewinnerkompetenzen
– fragen und zuhören 44 – 51
– Körpersprache 51 – 62
– Sprache 38 – 44

Haltung 55

Ich-Botschaften 54
»Imaging« 145
Informationen 22, 25
– beschaffen 68 – 70
– einschätzen 70 – 73
– über den Verhandlungspartner 67 – 70, 165 – 167
Informationsbeschaffung 68 – 70
Interessen 73 – 76, 144
– versteckte 74 – 75

Killergesten 59
Killerphrasen 16, 43
Kommunikation 30 – 65, 171
– Grundformel 31
Kommunikationshürden 32 – 33
Kompromiss 104 – 105
Konflikt 13 – 15, 106, 125 – 150, 152 – 156
– daraus lernen 181 – 182
– konstruktiv lösen 173 – 174
– Prävention 138 – 139
– Schadensbegrenzung 180
– Signale 138
– Umgang damit 140 – 143
– Ursachen 158 – 162
– Vorbeugung 139, 157 – 168
Konfliktherde 152
Konfliktmanagement 140 – 147
– Methoden 141 – 143
Konfliktprävention 138
Konfliktsignale 138
Konfliktstrategien 144 – 147
Konfrontation 16
Konkurrenz 99 – 100
Kontaktbrücken 61
Kooperation 16, 100 – 103
Körpersprache 16, 33, 51 – 62, 87
– deuten 52 – 55
– Formen 55 – 59
– Kontext 54
– positive 60
– Symmetrie 61
Kritische Phasen 137 – 147
Kundenorientierung 177
Kurzzeitgedächtnis 40

Leistungshoch 92 – 93

Macht 12 – 29
– ausbauen 25 – 27
– interne 23
Machtgefälle 23
Machtpotenzial 23 – 27
Machtquellen 20
Machtverhältnisse 18 – 20
Manipulationsversuch 132 – 133
Mimik 56
Missverständnisse 171
– Quellen 32 – 33
Monolog 30
Motivstrategie 85 – 86
Mundpropaganda 15

Negativdenken 25
Neinsagen 26

Paradoxe Reaktion 147
Prägnanz 40
Probleme 125 – 150

Revanchegelüste 158 – 159
Rituale 109
Rückzug 107
Ruf 27

Sachkompetenz 25
Schadensbegrenzung 180
Scheinlösungen 159 – 160
Schlüsselwörter 85 – 86
»self-fulfilling prophecy« 24
Situationsanalyse 68 – 70
Sitzordnung 92
Spannungsstrategie 82
Sprache 38 – 44
– Fehler 42 – 44
– Grundsätze 39 – 41
– nonverbal 51 – 62
Sprechregeln 41
Stimme 38, 58
Strategien 66 – 124
– Anpassung 105 – 107
– bei eigenen Fehlern 178 – 180
– für den Verhandlungsbeginn 108 – 111
– Kompromiss 104 – 105
– Konkurrenz 99 – 100
– Kooperation 100 – 103
– Verweigerung 107
– Wahl 98 – 107
Strategiewahl
– Kriterien 98 – 107
Stresssignale 58
Suggestivfragen 48

Tagesordnung 109

Umfeld 19, 86
Unfaire Taktiken 132 – 136
– Reaktionsmöglichkeiten 133 – 136

Verhandlung 13 – 29
– Abschluss 119 – 121
– Ausgangssituation 14 – 15
– Phasen 108 – 121
– Typen 13
– Vorbereitung 66 – 96
Verhandlungsbeginn 108 – 111

Verhandlungsführung
– Fehler 158 – 162
Verhandlungsort 108
Verhandlungsprofil 15 – 18
– Test 16 – 17
Verhandlungsspielraum 78 – 79, 111
Verhandlungsstrategien 17
Verhandlungstypen 126 – 130
Verträge
– Bestandteile 163
– Rechtliches 163, 164
– Fehler vermeiden 162 – 164
Vertragstypen 162
Vertrauen 27, 101
Verweigerung 107
Vorbereitung 66 – 96
– Argumente 79 – 91
– Einwände kennen 86 – 91
– Informationen bewerten 70 – 73
– Informationen sammeln 66 – 70
– Interessen klären 73 – 76
– Verhandlungsspielraum festlegen 78 – 79
– Ziele festlegen 76 – 78
Vorteile 83 – 84

Wahrnehmungsmodus 145
Warnzeichen 181

Zahlungsprobleme
– Anzeichen 166 – 167
Zeitdruck 26
Ziele 76 – 78
– Rangfolge 77
Zugeständnisse 116 – 119
– Strategien 117
Zuhören 49
Zwang 21

Im FALKEN Verlag sind in der Reihe »Manager Training«
zahlreiche Titel erschienen.
Sie sind überall erhältlich, wo es Bücher gibt.

Sie finden uns im Internet: **www.falken.de**

Der Text dieses Buches entspricht den Regeln
der neuen deutschen Rechtschreibung.

Dieses Buch wurde auf chlorfrei gebleichtem
und säurefreiem Papier gedruckt.

ISBN 3 8068 2650 1

Umschlaggestaltung: Rohwedder-Becker, Büro für Konzept
und Gestaltung, Mainz
Redaktion: Gabi Neumayer, Köln
Koordination: Dr. Werner Brand
Herstellung: Ulrich Klein
Layout: Lohse Design, Büttelborn

Satz: Lohse Design, Büttelborn
Druck: Ludwig Auer GmbH, Donauwörth

817 2635 4453 6271